Annette Kaiser

Im Kreis der Liebe leben

Mut zum wahren Mensch-Sein

Annette Kaiser

Im Kreis der Liebe Leben

Mut zum wahren Mensch-Sein

Aquamarin Verlag

Deutsche Originalausgabe

1. Auflage 2008

© Aquamarin Verlag GmbH

Voglherd 1 • D-85567 Grafing

Umschlaggestaltung: Annette Wagner

Titelfoto von Janne Peters

Satz: Sebastian Carl

Druck: Bercker • Kevelaer

ISBN 978-3-89427-463-4

INHALT

VORWORT

Annette Kaiser und ich kennen uns schon sehr lange. Vom wunderschönen Berner Oberland bis zum romantischen Wasserburg am Inn haben sich über viele Jahre hinweg immer wieder unsere Wege gekreuzt – zu Vorträgen, Gesprächen oder Seminaren. Natürlich kannte ich ihre Bücher, aber es hatte sich noch nie die Gelegenheit geboten, etwas zusammen zu unternehmen. Das änderte sich unerwartet im Frühjahr 2007.

Am Anfang stand ein Abendesssen; dann eine Einladung. Da wir beide die Berge lieben, war ich nicht überrascht, als Annette mich einlud, unser gemeinsames Buch-Projekt auf der Kleinen Scheidegg, am Fuß des majestätischen Dreigestirns von Eiger, Mönch und Jungfrau, zu beginnen. Dieser Platz spielt in Annettes Leben eine besondere Rolle. Er steht in Verbindung mit ihrer tief geliebten spirituellen Lehrerin Irina Tweedie, deren Asche Ende der neunziger Jahre hier, in der Stille des ewiges Schnees auf der Jungfrau, verstreut wurde.

Unsere Zusammenarbeit stand vom ersten Augenblick an unter einem guten Stern. Wir trafen uns im späten Frühjahr, genau in der «Freizone» zwischen Winter- und Sommer-Saison, wenn die Berge für einige wenige Tage relativ frei sind von Besucherströmen aus allen Herren Ländern. So konnten wir die Stille jenes einzigartigen Hotels genießen, das auf 2200 Metern am Fuße der Eigernordwand «Gastrecht» seitens der Berggeister gewährt bekommen hat. Jeder Tag war von der Sonne verwöhnt, die von einem aquamarin-blauen Himmel ihre Inspiration über uns ausgoss. Die Vögel sangen und gegen Abend, wenn die Eismassen sich erwärmt hatten, gingen mit mächtigem Donnern die Lawinen ins Tal.

Mit Annette zu arbeiten bedeutet, sich aus der Reflexion und Analyse einzuschwingen in meditative Einheit. Annette schreibt, denkt und lebt nicht aus einer mentalen Grundeinstellung, sondern aus einem seelischen Ein-Gestimmt-Sein. Es ist ein ständiges Wach- und Aufmerksam-Sein, das sowohl im Schreiben und Sprechen als auch im Wandern und Essen präsent ist. So flossen die nachfolgende Texte aus einem inneren Quell, der sich aus Dialog und Beobachtung, aus Stille und Schauen speiste. Die tiefblauen Enziane, die sich am Wanderweg zur Eigernordwand streicheln ließen, oder die frechen Dohlen, die mehr als den ihnen zustehenden Anteil gleich direkt vom Tellerrand stahlen, sie finden sich ebenso in diesem Buch wieder wie der mutige kleine Fuchs, der uns beim Abendspaziergang begegnete und neben uns herspazierte, als ob wir seine ganz natürlichen Wandergesellen wären.

Es ist meine Hoffnung, dass der Geist des Eins-Seins, der dieses Buch von Annette prägt und der auch unsere Gespräche inspirierte, bei der Lektüre auf jeden Leser überspringen möge. Wenn Sie, welche die nachstehenden Kapitel lesen, sich auch einzuschwingen vermögen in diese große EINHEIT DES GEISTES, dann wird Sie die Botschaft vom «Mut zum wahren Mensch-Sein» erreichen und Sie werden Wege finden, um «Im Kreis der Liebe zu leben». Dann hat dieses Buch seine Bestimmung erfüllt, indem es über sich selbst hinaus zur VERWIRKLICHUNG geführt hat. Mehr können wir nicht zu wünschen wagen!

Peter Michel

Am Anfang war das Wort. Am Anfang war der Urknall. Am Anfang war der verborgene Schatz. Das große Geheimnis. Der Schatz, der sich danach sehnte, erkannt zu werden. Das Eine ergoss sich in die Vielfalt der Formen in einem Akt der Liebe. Das große Mysterium. Wie es wirklich ist, wissen wir nicht. Im Kern von allem liegt Nicht-Wissen verborgen.

KAPITEL 1

DER URKNALL

Vor 13,7 Milliarden Jahren gab es das plötzliche Aufblähen des Universums nach dem Urknall. Dann kamen vierhundert Millionen Jahre später die ersten Sterne, die sich formten, um alsbald wieder zu zerbersten in Sternenstaub. Milliarden Jahre später zeigten sich die ersten Formierungen der neuen Sternensysteme, die wir auch heute noch kennen. Ungefähr neun Milliarden Jahre nach dem Urknall entstand unser Sonnensystem; und gebildet aus Atomen der ersten Sternenstaubwolken bildete sich unsere Erde. Zuerst Wasser und Stein, dann lange nichts. Kein Leben. Und dann plötzlich Moleküle. Moleküle, die in einem Prozess standen, die sich durch Kooperation und Vereinigung zu einer ersten einfachen Zelle zusammenschlossen. Es entstand Leben. Später bildeten sich noch komplexere Zellen. Pflanzen entstanden, Tiere – und schließlich wir Menschen. Diese Entwicklung geht weiter; denn die Erde steht jetzt ungefähr in der Hälfte, wenn man den Wissenschaftlern glaubt, die uns sagen, dass wir noch ca. fünf Milliarden von

Jahren vor uns haben, bis der Erdenstern verglühen wird. Wenn wir jetzt vom Menschen reden, dann können wir auch bei ihm eine gewisse Entwicklung feststellen. Jean Gebser spricht von den Bewusstseinsentwicklungen im Menschen. Begonnen hat es mit einem archaischen Bewusstsein, in dem ein All-Bewusstsein vorhanden war, allerdings noch undifferenziert, Ich-los. Es entwickelte sich weiter zu einem magischen Bewusstsein, bei dem der Mensch im Verbund mit anderen als schemenhaftes Gegenüber lebte. Wenn ein Mensch starb, war plötzlich eine Empfindung da, dass etwas fehlte, darum entstanden die ersten Begräbnisstätten. Das Bewusstsein entwickelte sich weiter, zu einem mythologischen Bewusstsein. Dieses kennen wir noch besser, doch auch das magische, auch das archaische Bewusstsein sind uns vertraut. Wenn wir verliebt sind, wirkt ein archaisches Bewusstsein, wo das Gegenüber und derjenige, der verliebt ist, undifferenziert in einem Eins-Sein schwingen. Das magische Bewusstsein erleben wir, wenn wir etwa in einer Kirche das Weihwasser nehmen und ein Kreuz schlagen, oder wenn am 6. Januar in vielen Gegenden ein Kreuz und die Buchstaben CMB über die Türschwelle gemalt werden. Mythologisches Bewusstsein ist ein Bewussttein, das wir aus den griechischen Mythen und der Märchenwelt kennen. Dort beginnen sich im Menschen Gottesbilder zu entfalten, die wir heute teilweise auch noch in der Kirche vorfinden, nämlich Gott als allmächtigen Vater oben im Himmel und die Menschen hier unten auf der Erde. Das Bewusstsein hat sich weiter entwickelt zu einem mentalen Bewusstsein, bei dem vor allem die Individualisierung sich noch stärker ausbilden konnte bis hin zu einer Ich-Fixierung, einer extremen Individualisierung – und genau an diesem Entwicklungspunkt stehen wir heute. Es geht um den Übergang zu einem Integralen Bewusstsein. Dieser Übergang vom mentalen zum integralen Bewusstsein ist ein großer Schritt. Dieser Schritt hat mit bewusstem Sein, mit Erkenntnis zu tun. Mit einem tieferen Erkennen, was und wer wir Menschen wirklich sind. Mit „integral" meint Jean Gebser, Ich-befreit zu sein und gleichzeitig die Ich-Kraft zu leben. Es bedeutet zu verstehen, dass wir nicht der Mittelpunkt des Universums sind. Wir sind Teil des Ganzen und zugleich das Ganze. Das integrale Bewusstsein schwingt in der 4. Dimension, jenseits von Raum und Zeit.

Peter Michel: Die Weisheit des Ostens kennt im Zusammenhang mit dem, was Du ausgeführt hast, den Gedanken des Weltentages, das Manvantara, und der Weltennacht, das Pralaya, wo Brahman sozusagen die Welt ausatmet und einatmet. Kannst Du Dich mit dem Gedanken anfreunden?

Annette Kaiser: Ja, das ist ein tiefes Verständnis von der Evolution und der Involution; beides bedingt sich. Wenn wir von einem Anfang sprechen, z.B. vom Urknall, dann sprechen wir von dem Beginn der Evolution, dem Entfalten. Eines Tages findet wieder die Einatmung statt, ein Zurückführen von Allem in den Urgrund oder in das Eine. Darin ist der große Schöpfer-Rhythmus widergespiegelt, das Einfalten und das Entfalten.

PM: Wird der ganze Prozess von einer höheren Intelligenz geführt, geleitet oder inspiriert? Wie würdest du diese Intelligenz benennen? Ist es das Göttliche, was dahinter wirkt? Oder wirken auch Wesen mit? Der Gedanke an die Engel, die Meister oder ähnliche Wesen, welche diesen Prozess aus einer inneren Welt heraus begleiten?

AK: Es muss nach meinem Verständnis oder meiner inneren Erfahrung eine Intelligenz dahinter stehen. Manche nenne es das Göttliche. Aber was ist damit gemeint? Am ehesten kann ich es als eine Brillanz an Intelligenz, die jenseits des Fassbaren ist, bezeichnen, die viele Dimensionen in sich birgt. Was es wirklich ist, weiß ich nicht. ES ist namenlos. ES entzieht sich Worten – es ist unsagbar, geheimnisvoll, tief hinter allem verborgen. DAS bewirkt alles. Manche bezeichnen es als evolutive Intelligenz, welche diese prächtige Vielfalt an Formen und Leben hervorgebracht hat. Aber was genau dies ist, vermag uns die Wissenschaft bis heute auch nicht zu benennen. Ich denke auch, dass es Wesen gibt, die in verschiedenen Prozessen mithelfen. Wir sind hier auf dieser Erde nicht die einzige evolutive Entwicklung. Es gibt andere, feinstofflichere Evolutionswege auf unserem Planten oder im Kosmos – und die haben natürlich auch alle einen Einfluss. Alles wirkt auf alles. Wir alle kennen Engel, Elfen oder Gnome, aber es gibt auch Meister, z.B. die Weiße Bruderschaft, die in diesem Prozess der Weiterentwicklung, der Verfeinerung des Bewusstseins auf sichtbare und unsichtbare Weise eine große Rolle spielen.

PM: Es gibt dazu eine ganz wunderbare Geschichte. Der berühmte französische Mathematiker und Astronom Laplace hat einmal am französischen Königshof in einer großen Sandkiste seinem Herrscher erklärt, wie die Welt entstanden ist. Dabei hat er mit einem Stab gezeichnet und gesagt: Das Universum, die Spiralnebel, die Sonnen und die Bahnen der Planeten, das kreist alles und das funktioniert alles so und so und so – und dafür brauchen wir keinen Gott. Er sagte, dass alles nach genauen Gesetzmäßigkeiten aufgebaut sei und er daher wüsste, wie alles zusammenspielt. Man habe diese Gesetzmäßigkeiten erkannt. Er zeichnete all dies in seiner Sandkiste ein. Dann unterbrach ihn sein Monarch plötzlich und fragte: „Und wer hat gerührt?"

AK: Ja, diese Geschichte spiegelt das alte Weltbild wider. Heute wissen wir, dass diese Perspektive nicht mehr stimmt. Die Welt ist viel mehr „leerer Raum", Polarität, kein festes Gefüge.

PM: Es ist eine historische Geschichte. Es ist tatsächlich so an der Französischen Akademie der Wissenschaften geschehen. Die Geschichte zeigt so überaus deutlich, wie schnell wir Menschen glauben, etwas zu wissen und daraus Schlüsse auf das Ganze ziehen.

AK: Das stimmt. Und natürlich ist alles, wovon wir hier reden, alles, was Sprache hat, ein Konzept. Doch das große Geheimnis, das dahinter steht, können wir bis anhin nur erahnen.

KAPITEL 2

DAS NEUGEBORENE KIND

Ich möchte zu Beginn von den neueren Forschungen im embryonalen Bereich sprechen, bevor ein neues Kind geboren wird. In der dritten Schwangerschaftswoche bildet sich das Herz des Embryos oberhalb des zukünftigen Kopfes. Es ist das Ur-Herz.[1] Dieses ist angefüllt mit früh sich bildenden Blutzellen und verhält sich sehr eigenartig. Die Flüssigkeit im embryonischen Herz wird plötzlich während beinahe achtundvierzig Stunden ganz still. Es ist eine „Dynamischen Stille". Es ist, als ob ein Liebesstrahl und ein Weisheitsstrahl während dieser achtundvierzig Stunden Stille als innerster Same ins Herz gelegt wird. Dieses Ur-Herz besteht nur aus einer einzigen Kammer. Nach diesen achtundvierzig Stunden geschieht wiederum etwas Außerordentliches. Das Ur-Herz bewegt sich von der Stelle über dem Kopf in einer Bewegung der Demut in die Mitte des Körpers des neu zu bil-

---

1   Vgl. Embryonale Entwicklung, Forschungen zur Biodynamischen Wahrnehmung von Zündung von Michael Shea unter Mitwirkung von Erik Sliepen.

denden menschlichen Wesens. Dies ist von großer symbolischer Bedeutung. Auch wie das menschliche Leben selbst entsteht, ist ein sehr eindrücklicher Vorgang. Ich habe darüber einmal einen Film gesehen, wie ein Spermium den Weg zur Eizelle findet. Von Millionen von Spermien schafft es nur eine. Es ist ein großes Abenteuer und gelingt nur durch die Mithilfe der anderen Spermien. In dem Moment, wo das Spermium sich dem Ei annähert, beginnt das Ei zu tanzen. Es beginnt sich zu drehen, und in dem Moment, wo es sich zu drehen beginnt, berührt das Spermium das Ei, durchdringt es – und ein neues Menschenleben entsteht. Der Tanz des Lebens ist schon im tiefsten Inneren angelegt. Der Tanz des Lebens wird im Weiblichen – dem Yin – erschaffen. Allerdings braucht es einen klaren Impuls dazu – das Yang – darin wird das Wechselspiel der Polarität erkennbar. Dies sind sehr schöne Bilder, und ich frage oft den Menschen in diesem Zusammenhang: Wo warst du denn, als Spermium und Eizelle sich trafen? Hat dein Leben an diesem Punkt begonnen? War da schon ein Ich-Verständnis? Und wo warst Du davor? War da schon ein Bewusstsein, wie später mit fünfzig Jahren, wo wir alle diese Dinge denken, die wir sind oder nicht sind, die wir sein müssten oder sein könnten. Da war einfach nichts, nur Lebenstanz.

Dann werden wir geboren, und in unserem Verständnis werden wir geboren in einem Empfinden oder Wissen des grundlegenden All-Eins-Seins. Dies finden wir widergespiegelt, wenn wir ein Neugeborenes betrachten, vor allem wenn wir in seine Augen blicken. Darin sehen wir, wie Diesseits und Jenseits noch in einem All-Verbunden-Sein existieren. Wir werden also geboren in einem Wissen des All-Eins-Seins, in einem Wissen von einer tiefen Liebe, die einfach ist, unteilbar. So beginnt unser Leben und entfaltet sich allmählich. Wir durchleben als Kind auch jene Bewusstseinsstufen, die ich im ersten Kapitel erwähnt habe. Das setzt sich fort bis hin zum Erwachsenenalter. Mit ungefähr achtzehn Monaten sprechen wir als Kind zuerst in der 3. Person. Zum Beispiel: „Susanne möchte eine Kirsche." Nicht: „Ich möchte eine Kirsche." Erst später bildet sich ein Ich-Verständnis heraus, das sich erweitert zu einem Selbstverständnis von „ich bin hier", und mein Bruder und meine Schwester, die ganze Welt, sind das Andere. Es gibt mich und getrennt davon ist alles Andere. Wir erfahren uns damit als getrennte Wesen. Dieses Getrennt-Sein wird weiterhin verstärkt, wenn wir erwachsen sind, über die fünf Sinne und über die Konditionierungen. Es gibt persönliche Konditionierungen sowie familiäre oder gesellschaftliche Konditionierungen – und die prägen unser Selbst- und Weltverständnis maßgebend. Interessant dabei ist, dass eine neue Untersuchung von einer Ärztin herausgefunden hat, dass die Sinnesprägungen nur 7 % Einfluss auf unsere wahrgenommene Wirklichkeit haben; 93 % beruhen auf Konditionierungen. Auf diese Weise wird Realität konstruiert. Der Quantenpsychologe Wolinsky[2] beschreibt den Vorgang vom Geborenwerden, wo ursprünglich dieses „Ich bin" oder das All-Eins-Empfinden noch

---

2   Vgl. Stephen Wolinsky, Die Essenz der Quantenpsychologie

da ist – wenn auch unbewusst – dieses Hineingeborenwerden in die Welt der drei Dimensionen, in die Welt der Polarität, als einen Trennungsschock. Die All-Liebe wird plötzlich als eine Liebe erfahren, die zeitlich oder räumlich begrenzt ist. Unbewusst sucht der Mensch zwischen dem 5. und 12. Lebensmonat nach einer Erklärung. Er interpretiert, was hier geschieht. Eine Interpretation ist beispielsweise: Ich bin unvollständig. Eine andere: Ich bin machtlos. Ich bin nicht liebenswert. In bin wertlos. Ich bin unzulänglich und so weiter. Damit bildet sich ein „falscher Kern" – so schreibt Wolinsky – in unserem Selbstverständnis heran, aus dem wir dann kompensatorische Strategien entwickeln, wie beispielsweise: Ich muss beweisen, dass ich nicht ohne Liebe bin. Ich muss liebenswürdig sein. Oder: Ich muss beweisen, dass ich nicht wertlos bin und durchaus Bedeutung habe. So bildet sich eine Antriebskraft aus dem falschen Kern, und damit einhergehend entsteht ein „falsches Selbst". Als erwachsene Menschen leben wir dann weitgehend aus dem „falschen Kern" und „falschen Selbst" heraus. Wir glauben also, getrennte Wesen zu sein und leiden an der eigenen Spaltung. Sie erzeugt das Gefühl des Mangels oder der Unzufriedenheit und kann nicht auf der Ebene der Spaltung geheilt werden. Ganz sind wir erst in der Dimension des ICH-BIN – der All-Liebe.

PM: Kann diese Prägung vielleicht auch mit den karmischen Strukturen zu tun haben?

AK: Ja, insofern, als die Art der Interpretation mit den persönlichen Anlagen, die wir in dieses Leben mitbringen, in einem Zusammenhang stehen. Wenn diese Interpretation oder dieser falsche Kernsatz bei mir etwa lautet „Ich genüge nicht", dann versuche ich, mein Leben so aufzubauen, dass ich möglichst genüge. Ich werde also vermutlich sehr aktiv sein und immer wieder versuchen, gut zu sein, sogar mehr als gut, damit endlich einmal das Genügendsein von außen, von den Eltern, von der Schule, von Berufskollegen oder in der Beziehung zurückgespiegelt werden kann. Doch selbstverständlich gelingt das nicht. Es bleibt immer ein Mangel in diesem getrennten Selbstverständnis. Befreit davon werden wir erst, wenn wir uns wieder erinnern, wer wir wirklich sind: All-Eins – Nichts. Meistens ist es so, dass irgendwann mitten im Leben plötzlich Fragen auftauchen. Augustinus spricht z.B. von göttlicher Unzufriedenheit, die wir bemerken. „Ich habe alles. Einen Job, ein Dach über dem Kopf, eine Familie, ein Auto. Ich bin sogar unendlich privilegiert. Ich gehöre im Dorf von einhundert Menschen – die ganze Weltbevölkerung zusammengezogen – zu den ganz wenigen, die Bildung, genug zu essen, selbst einen Computer haben." Und doch ist eine Unzufriedenheit spürbar. Alle diese äußeren Bedingungen vermögen nicht, das Innere mit Ganzheit zu erfüllen. Oder es geschieht im Laufe des Lebens, dass ein Todesfall eintritt. Oder ich höre irgendwo ein Gedicht, das mich erschüttert und berührt. Dann frage ich mich, wer bin ich überhaupt? Was ist der Sinn des Lebens? Woher komme ich? Wohin gehe ich? Das ist dann ein großer Wendepunkt, wo eine Umkehr vom getrennten Wesen ins All-Eins-Sein beginnen kann.

PM: Eltern stehen ja in einer tiefen Verbundenheit mit der Seele ihres Kindes – wir bleiben bei diesem Wort Seele – und trotzdem geschieht es, dass Muster, Konditionierungen usw. prägend auf das Kind übertragen werden, wenn auch meist unbewusst. Vielleicht kann man sagen, dass diese Verbundenheit eine schicksalhafte ist, weil sie bestimmte Lernprozesse auslösen kann. Erkennen dies die Eltern, so kann dies von Schuldgefühlen befreien. Es wird der Prozess erkannt, der im Kontext des großen Ganzen steht, worin sich alles entfalten konnte.

AK: Die meisten von uns können dies einfach nachvollziehen. Wir alle haben Eltern, waren ja selber einmal Kind und haben vermutlich in einer bestimmten Phase der Loslösung die Eltern für unsere Schwierigkeiten verantwortlich gemacht. Später werden wir selbst Eltern und erfahren, dass wir nach unseren besten Möglichkeiten unsere Kinder aufziehen möchten. Gleichzeitig ist es Unwissenheit, die bestimmte Prägungen unreflektiert einfach weitergibt und Konditionierungen formt. Manchmal bemerken wir dies auch und bekommen Schuldgefühle, die sich dann ausdrücken wie etwa: „Ich bin eine schlechte Mutter." „Ich habe nicht alles getan, was ich konnte." Aber Schuldgefühle nützen überhaupt nichts. Sie verstärken nur das Unvermögen, das in jenem Moment vorhanden war, ja zementieren es geradezu durch

Schuldgefühle und verhindern das bewusste Hinschauen und das Übernehmen der Verantwortung für unsere Handlungen. Das ist natürlich nicht hilfreich. Einsicht hilft uns hingegen, wieder in den großen Fluss der Liebe einzutreten. Schuld basiert weitgehend auf der Angst, der Mensch zu sein, der wir fürchten zu sein. Damit müssen wir uns konfrontieren. In Wirklichkeit sind wir vollkommen.

PM: Es ist eigentlich ein gemeinsames Erkennen des Unvollkommenen, das aber im gemeinsamen Erkennen ein gemeinsames Verzeihen wird und damit ein In-die-Liebe-aufgehen – und dann löst es sich.

AK: Genau. Es ist ein Sein und Werden. Darin liegt auch eine Art Liebesbund, wenn der Prozess ins Bewusstsein geführt werden kann. Sein und Werden sind grundsätzlich Nicht-Zwei. Beide sind göttlich. Im Werden erfahren wir oft eine Zweiteilung, um in ein Neues, erweitertes Drittes hineinschwingen zu können – das geschieht z.B. in der Versöhnung. Das hat auch mit dem „Ich war ein verborgener Schatz und sehnte mich danach, erkannt zu werden" zu tun. Diese Prozesse im Werden sind Bewusstseinsprozesse, sind Prozesse des Erkennens, die gehalten sind in dem Liebesbund – der einen Wirklichkeit. Die Elternschaft wird zudem, wenn wir Menschen mehr aus dem Eins-Sein heraus schwingen, nochmals eine ganz andere Dimension erhalten.

PM: Es ist ja interessant, dass Sri Aurobindo in seiner Perspektive für die Menschheit sagt, Geburt und Schwangerschaft würden sich in der bisherigen Form in Zukunft nicht mehr so ereignen, sondern die Seelen kämen gewissermaßen wie in einer Art Manifestation zu uns – aufgrund der inneren Angezogenheit. Alle diese Prozesse werden auf einer vergeistigteren Ebene ablaufen. Das mag vielleicht nicht in zehn oder zwanzig Jahren der Fall sein, aber es scheint vielleicht die Perspektive der Menschheit zu sein.

AK: Ich sehe das auch so. Das Verständnis, was wirklich Materie ist, wird sich vertiefen und erweitern in Richtung Licht-Materie. Wenn wir unser Wirken auf die Zellstruktur mehr und mehr verstehen, werden wahrscheinlich unglaubliche Potenziale der Entwicklung freigesetzt, die wir uns heute noch kaum vorstellen können.

KAPITEL 3

DER INNERE WEG

Wenn wir beginnen, uns zu fragen: Wer bin ich? Was ist das Göttliche? Was ist der Mensch? Woher komme ich? Wohin gehe ich? Dann stellen wir sehr schnell fest, dass wir nicht die Person sind, die wir denken zu sein. Ich habe früher gedacht: Annette Kaiser, Bauernhaus, Geranien vor dem Bauernhaus, zwei hübsche Kinder, Arbeit, friedliebend – ist doch eine ganz nette Schweizerin. Als ich mich dann aber damit zu befassen begann, wer ich eigentlich bin, bekam ich Panik, große Panik. Es war der Zeitpunkt, wo ich auf den Pfad der Liebe mit Irina Tweedie eintrat. Es erforderte unendlich viel Mut, mir selbst zu begegnen. Es war wie ein Springen ins Nichts. Ein Springen ohne Fangnetz. Auf einem inneren Weg durchleben wir meistens verschiedene Phasen. Man könnte sie auch als Gebetsphasen bezeichnen. In der Sprache der Alchemie nennen wir die erste Phase die *Separatio*. Separatio bedeutet, wenn wir den Blick nach innen wenden, etwa indem wir meditieren, still sitzen, die Achtsamkeit schulen oder ein Mantra rezitieren, dann fließt Lebensenergie und Aufmerksamkeit in das innere Dasein des Menschen. Eine Dynamik beginnt zu wirken, und alles Verdrängte, alles Abgespaltene, alles, was über Konditionierungen verdeckt wurde, kommt hervor, kommt ans Tageslicht. Wir erkennen als Erstes, dass die innere Welt und die äußere Welt nicht dasselbe sind, und im Blick nach innen entdecken wir Dunkles und Helles. Wir entdecken Schattenseiten. Wir entdecken Lichtseiten. Wir begegnen dem dunklen Bruder, der dunklen Schwester, aber auch unseren Schätzen, unseren Perlen. Wir entdecken Dinge, die verborgen sind, in der Tiefe unseres Seins. Die Phase der Separatio ist nicht angenehm. Oft, wenn wir Träume beobachten, gibt es Träume, wo beispielsweise eine Schlange zerstückelt wird. Es ist so, als ob wir auseinandergenommen würden, um anschließend wieder neu zusammengesetzt zu werden.

Die zweite Phase bezeichnen wir als *Conjunctio oppositorum*, das Zusammenfügen von Gegensätzen. Wir beginnen mit den verschiedenen Aspekten, die wir in uns entdecken, zu arbeiten, z.B. mit der Traumarbeit,. Es gibt eine Regel in der Traumarbeit, dass alle Aspekte, die wir träumen, in Resonanz mit uns stehen. Deshalb haben sie etwas mit uns zu tun. Sie verkörpern Anteile in unserem Inneren, in unserer inneren Alchemie. Wenn wir diese Träume aufschreiben und anschauen, dann sind interessante Einsichten zu gewinnen. Wir kommen plötzlich mit einer anderen Art von Bewusstsein in Berührung, einem Bewusstsein, das nicht linear oder rational ist. Auch die Zeit wird relativ. So gibt es Träume, die sich im alten Ägypten abspielen oder in einer Maya-Kultur. Es gibt auch futuristische Träume, die auf anderen Planeten stattfinden. Wir begegnen den Archetypen, alten Weisen, Männern und Frauen, Drachen, Königinnen und Königen. In den Träumen können sich auch Visionen zeigen, die zukunftsweisend sind – und manchmal verarbeiten wir schlicht das Tagesgeschehen. Wir erleben, wenn wir ganz tief schauen, die ganze Welt, und verstehen allmählich, dass die Welt in uns enthalten ist. Wenn nun eine Person in unseren Träumen auftaucht, z.B. Gandhi oder Saddam Hussein, eine Alkoholikerin oder jemand, der Drogen spritzt, jemand, der andere ausbeutet oder sich für AIDS-Kinder einsetzt, bedeutet die Conjunctio oppositorum, dass wir diesen Anteilen ins Auge sehen. Wir verstehen, wie auch dieser geträumte Mensch mit uns in Resonanz schwingt. Die Resonanz steht in Verbindung mit der Assoziation, die wir in uns bewusst oder unbewusst tragen, in Bezug zur geträumten Figur. Werden wir uns dessen bewusst, so geht es darum, das Herz so weit zu öffnen, die Liebe so weit schwingen zu lassen, dass wir alle Anteile ins Herz nehmen können – Opfer und Täter – um damit in Versöhnung zu kommen. Mit allem Dunklen und Lichten in uns! Das ist eine ganz wichtige Arbeit. Es ist im tiefsten Sinne Friedensarbeit. Wenn beispielsweise ein Alkoholiker oder eine Alkoholikerin in meinem Traumgeschehen auftauchen, so schaue ich mir diesen Aspekt in mir genauer an und setze mich damit auseinander, bis ich Liebe empfinde. Ich nehme diesen geträumten Aspekt ganz in meinem Bewusstsein auf, und über die Liebe im Herzen werde ich vertraut mit ihm und weiß ihn als

Teil in mir zu lieben. Geschieht dies ganz bewusst, dann werde ich Menschen, die ich z.B. in der U-Bahn in London treffe und die Alkoholiker sind, in Liebe begegnen können, wissend, dass sie ein Teil von mir sind. Ich kenne diesen Aspekt auch in mir. Ich bin nicht getrennt davon. So muss ich mich nicht abwenden von ihm, sondern ich kann einem Trunkenbold in die Augen schauen, verstehend im Herzen, dass er und ich Nicht-Zwei sind. Ich spüre eine tiefe Liebe, ein Mitgefühl – und damit verändert sich die Welt. Aber es gibt nicht nur Dunkles im Menschen, das der Versöhnung bedarf. Es gibt auch Helles, Aspekte in uns, die wir allen anderen Menschen zutrauen, nur uns selbst nicht. Vielleicht träume ich von Mutter Teresa. Auch dieser Aspekt – Mutter Teresa – ein Mensch, der sich anderen Menschen ganz hingegeben hat, sich in den Dienst gestellt hat in den ärmsten Gebieten der Welt, auch dieser Aspekt ist in mir. Dabei entdecke ich vielleicht meine eigentliche Begabung für dieses Leben. Das Selbstverständnis erweitert und vertieft sich dabei ständig, bis darin die ganze Welt enthalten ist. Damit beginne ich die ganze Bandbreite an Handlungsmöglichkeiten zur Verfügung zu haben: Zur rechten Zeit, am richtigen Ort, mit den richtigen Menschen – die richtige Handlung. Es gibt aber noch einen tiefgreifenderen Aspekt der Conjunctio oppositorum. Es gibt sprachlich nur ein Bewusstsein. Es ist hochinteressant, dass es nicht die Bewusstseine gibt, es gibt keine Mehrzahl. Jeder Bewusstseinsschritt jedes Menschen hat im Feld des EINEN Bewusstseins eine Auswirkung. Das gesamte Bewusstsein erhöht sich. Bei dieser inneren Arbeit wird auch klar, dass jeder Gedanke, jedes Gefühl, jede Absicht eine Auswirkung in diesem einen Bewusstseinsfeld hat. Das Feld wird in-formiert. Wenn ich bösartige Gedanken hege, auch unbewusst, so haben diese auf das Ganze ebenso eine Auswirkung. So können wir auch verstehen, dass ein Krieg im Irak, religiöse Auseinandersetzungen in Palästina/Israel, ein Dafur in Afrika, eigentlich nur Eiterbeulen sind, die dort aufplatzen, die aber genährt werden von allen Menschen, in denen Gefühlen wie Hass oder Gier, Neid oder Eifersucht leben. Versöhnungsarbeit ist jene Arbeit, bei der wir Geistesgifte in Weisheitsaspekte wandeln, wodurch wir auch nicht mehr über das unbewusste Kollektiv, über unsere Unwissenheit manipulierbar sind. Nehmen wir den Aspekt von einer Figur wie Alexander dem Großen. Eine interessante Persönlichkeit, die, historisch gesehen, sehr viele Opfer gefordert hat. Wenn wir diesen Aspekt vom „gnadenlosen, länderübergreifenden Erober" in uns selbst erkennen, werden wir, falls wir in unserem Leben in eine Position hineinkommen, wo wir tatsächlich einen großen Einfluss auf Menschen haben, sei er gesellschaftlicher, politischer oder wirtschaftlicher Natur, ein bestimmtes Bewusstsein zur Verfügung haben, um zu wählen. Wir können unsere Machtposition ausnützen oder sie in den Dienst zum Wohle aller Wesen stellen. Diese Wahl haben wir nur, wenn wir uns dieses Aspektes „Alexander der Große", der mit uns in Resonanz steht, bewusst sind. Ich habe mich lange Zeit immer wieder mit dem Zweiten Weltkrieg befasst und natürlich auch mit Hitler, den Auseinandersetzungen mit den Juden und wie das Volk, auch wir Schweizer[3], auf unsere Weise mitgemacht hat.

---

3   Annette Kaiser ist in Zürich geboren. (Anmerkung des Verlages)

Das sagt sehr viel über den unbewussten, kollektiven Teil aus, durch den wir in einer bestimmten historischen Situation einfach mitgerissen werden und plötzlich Dinge tun, die barbarisch sind. Versöhnungsarbeit bedeutet die Konfrontation mit dem Schatten in uns, auch mit dem kollektiven Schatten. Es geht darum, diesen zu integrieren, um damit nicht mehr so leicht kollektiv manipulierbar zu sein und vielleicht dazu beizutragen, dass eine kollektive Weisheit sich allmählich manifestiert.

Als Ergänzung zur Separatio – als Phase der Innenwendung – möchte ich noch hinzufügen, dass wir die äußere Welt oft plötzlich als schal und grau erfahren. Die Welt fasziniert uns nicht mehr. Wir finden keine Erfüllung mehr über sie. Im Inneren erfahren wir eine Art Trockenheit oder Reibung. Die innere Süße der Liebe hat sich uns noch nicht enthüllt. Es ist so, als wäre eine Türe hinter uns zugegangen, aber die Türe vor uns ist noch verschlossen. Wir erleben eine Art Wüste. Dabei tun wir die innere Arbeit, die wir zu tun haben. Wir suchen nicht nach dem Schatten, der kommt von selbst. Wir konzentrieren uns auf die Präsenz, auf die Übung, kehren immer wieder dahin zurück, und plötzlich, eines Tages, erfahren wir im Inneren dieses Berührtsein ohne Grund, dieses Erfasstwerden ohne Grund – von einer Liebe, die jenseits von Worten ist. Es ist der Ozean, der den Tautropfen holt – der Geliebte, der den Liebenden holt. Es ist immer ein Akt der Gnade, wenn wir in unser ursprüngliches All-Eins-Sein hineingeholt werden.

Die nächste Gebetsphase ist die *Unio Mystica*. Die Unio Mystica hat drei verschiedene Erfahrungsdimensionen. Die erste Erfahrungsdimension erleben eigentlich alle Menschen irgendwann einmal in ihrem Leben. Sie zeigt sich uns unvermittelt, wenn wir beispielsweise in der Natur sind, vielleicht ist es ein Sternenhimmel in der Nacht. Wir schauen in diesen Sternenhimmel hinein. Wir sehen diese Unendlichkeit. Und plötzlich ist da kein Beobachter mehr und nichts Beobachtetes. Es ist nur noch „Sternenhimmel schauen". Eins-Sein. Darin enthalten ist eine tiefe Stille, ein Aufgehobensein in dem, was ist. Keine Gedanken, nur Bewusst-Sein. Sternenhimmel. All-Eins-Sein. Das kann auch über Musik, Poesie oder im Zusammensein mit einem Menschen geschehen. Wenn wir ein Musikstück hören, ist plötzlich nicht mehr die Musik und ich, der hört – es ist nur noch Musikhören, Eins-Sein.

Eine zweite Dimension der Unio Mystica zeigt sich, wenn wir im Inneren einswerden mit dem Geliebten oder der Geliebten. Geliebter – Liebe – Liebende sind eins. Göttliches – Menschliches – Eins. Es ist die Chymische Hochzeit. Die Erfahrung ist feinstofflicher, subtiler als die erste Dimension. Dann gibt es noch eine dritte Unio Mystica, wo keine Liebe mehr ist, wo sich alles Erfahrbare auflöst. Die Liebe selbst geht in etwas auf, das keinen Namen hat und keine Eigenschaft. Kein Wort kann es ausdrücken. Stille. Absolute Stille. Nichts. Kein Name. Keine Sprache. Urgrund. Vielleicht. Unbenennbar.

Meistens dauern diese Erfahrungen nur ein paar Sekunden. Es ist, als wenn sich ein Vorhang öffnet und eine ganz andere Dimension sich dem Menschen offenbart. Doch danach kommen wir wieder in den Alltag zurück, ins alltägliche Sehen der Wirklichkeit, wo wir das Ich und das Du als getrennt erfahren. Das geht dann manchmal lange hin und her; wir nennen dies das Jo-Jo-Prinzip. Einmal dieses Eins-Sein und dann wieder dieses Getrennt-Sein. Das ist ein Prozess, bis irgendwann erkannt wird, dass „hinter" dem, was wir als Eins-Sein oder als Getrennt-Sein bezeichnen, nur DAS ist. Das, was ist – ist. Weder getrennt noch vereint. Wir sind gewahr – aber das ist auch nicht ganz wahr. Es ist gewahren. Entdecken wir all dies, so sind wir oft beflügelt. Später tritt dann eine Art Nüchternheit auf – dieses Erleben wird selbstverständlich, natürlich. Wir sind auf dem Marktplatz angekommen, um frei zu leben und weiterzugeben, was wir bekommen haben. Das ist nichts Besonderes; es ist schlicht der natürliche Zustand des Menschseins – endlich normal. So stehen wir mitten im alltäglichen Leben, feiern den Augenblick und erkennen, dass es ein Innen und ein Außen gar nicht gibt. Was ist, das ist.

Die inneren Wege können durch drei Tore betreten werden.[4] Das eine Tor führt über das Ich, genauer über das Ich bin, das im Tiefsten als „Ich-Ich" beschrieben wird – die Buddha-Natur, die in mir und in allen Wesen ist. Das Ich bin kennen wir auch aus

---

4   Vgl. Ken Wilber, Integrale Spiritualität

der Bibel. Im Alten Testament wird erwähnt, wie Moses beim brennenden Dornbusch nach dem Namen Gottes fragte. Und als Antwort kam: „Ich Bin, der ich Bin." Das Ich meint Gott als 1. Person, als das wahre Selbst, das Ewige, das Ich bin, das im „Ich-Ich" wurzelt. In diesem Kontext ist Ramana Maharshis Anweisung mit der Fragestellung: „Wer bin ich?" zu verstehen. Wählen wir das Tor des Ich, dann geht es darum, dass alles ausnahmslos als Ich erfahren wird: Jedes Du, die ganze Welt, der ganze Kosmos. Alle Tore bergen aber auch eine Gefahr in sich. Die Gefahr des Ich-Tores ist, dass eine narzistische Tendenz bestehen bleiben kann, dass die Wurzel des kleinen Ichs nicht vollkommen transzendiert wird.

Das zweite Tor ist das Tor, das mir vertraut ist. Es ist jenes über das Du. Gott als 2. Person, als das große Mysterium, der Geliebte, vor dem sich das kleine Ich, das Ego, in Demut verneigt. Es ist der Weg der Hingabe. Rumi hat dazu wunderschöne Gedichte und Geschichten geschrieben.

Es gab einmal einen Suchenden, der dem Geliebten hinter einer Türe in einem Haus unbedingt begegnen wollte. Und so klopfte er an die Türe. Da kam von drinnen die Frage: „Wer bist du?" „Ich bin es", sagte der Suchende voller Erwartung. Da antwortete die Stimme von innen: „Geh, komm später wieder zurück." Und der Suchende ging. Es vergingen Jahre. Eines Tages kehrte er wieder an die Pforte zurück, klopfte erneut an die Türe. Da hörte er die Frage: „Wer bist du?" „Du bist es", war die Antwort – und die Türe öffnete sich.

In diesem Tor ist alles ein Du. Alles ist Du. Die Wolken, der Himmel, der Wind, alle Menschen, auch ich bin Du. Aber auch hier gibt es eine Gefahr. Bei wenig Selbstgefühl besteht die Gefahr, dass nicht das ganze Ich im Du vollkommen aufgeht.

Das dritte Tor ist das ES. Gott als die 3. Person. Gemeint ist damit der kosmische evolutionäre Prozess, das Gewebe des Lebens, die Vollkommenheit der Manifestation. Auch hier gibt es eine Gefahr. Wenn wir das Tor ES gewählt haben, kann es vorkommen, dass wir in der Form steckenbleiben und das Formlose, das transzendente Prinzip nicht ganz im Gleichklang mit dem immanenten Prinzip schwingt.

Unabhängig davon, welche Tore die inneren Wege benutzen, stellen alle dem Menschen Methoden oder Fahrzeuge zur Verwirklichung zur Verfügung. Diese können einerseits als Bewusstsein sammelnd und andererseits als Bewusstsein entleerend charakterisiert werden. Meistens werden beide Methoden kombiniert. Bewusstsein sammelnd sind alle Methoden, die den Geist sammeln, sozusagen auf den Punkt bringen. Es bedeutet höchste, entspannte Konzentration – gebündelte Lichtkraft, vergleichbar mit einem Laserstrahl. Bewusstsein entleerend sind Methoden, die ein Sich-Sinkenlassen in die eigene Essenz, Liebe oder Stille meinen. Es beinhaltet ein totales Loslassen in wachem Entspannt-Sein. Wenn höchste Konzentration und größte Entspannung zusammenfallen, sind wir im Hier und Jetzt. Waches Dasein in jedem Augenblick. Das Ziel jeglicher yogischen Schulung ist es, präsent zu sein in jedem Augenblick und ein von innen geführtes Leben zu leben.

Der Prozess der Transformation des Menschen kann zusammenfassend humorvoll wie folgt dargestellt werden. Die Bilderserie „Der Ochs und sein Hirte"[5] gehört zum klassischen Repertoire des Zen. Die hier angeführte Deutung geht auf die Interpretation von Ken Wilber zurück, die er mir freundlicherweise zu zitieren erlaubt hat.

---

5   Die „Ochsenbilder entsatmmen dem Buch *Das große O.W. Barth-Buch des Zen* von Oliver Bottini (Mit freundlicher Genehmigung des S. Fischer Verlages, Frankfurt.)

DIE ZEHN OCHSENBILDER

1. Die Suche nach dem Ochsen

1. Man hat keine Ahnung, was vor sich geht,
   und man hat keine Ahnung, dass man keine Ahnung
   hat.

2. Das Finden der Ochsenspur

2. Man hat keine Ahnung, was vor sich geht, und beginnt
   zu ahnen, dass man keine Ahnung hat.

3. Das Finden des Ochsen

3. Man weiß, dass man keine Ahnung hat,
   was vor sich geht, und geht dem nach.

4. Das Fangen des Ochsens

4. Erstes flüchtiges Erhaschen einer Ahnung,
   Aha-Erlebnisse.

5. Das Zähmen des Ochsen

5. Pseudo-Erleuchtung: „Ich hab's!" Die Verwechslung von kurzen Einblicken mit der dauerhaften Durchdringung von Allem.

6. Die Heimkehr auf dem Rücken des Ochsen

6. Desilliusionierung:
   Es geht immer weiter.

7. Der Ochse ist vergessen, der Hirte bleibt

7. Nüchternheit, Neubeginn,

   immer wieder …

---

8. Die vollkommene Vergessenheit von Ochs und Hirte

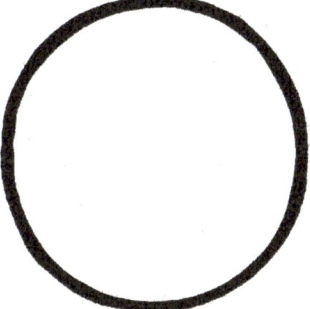

8. Vertiefung, Durchdringung,

   Absichtslosigkeit, erleuchtetes Nichtwissen.

9. Zum Ursprung zurückgekehrt

9. Erstes wirkliches Erwachen

10. Das Betreten des Marktes mit offenen Händen

10. Einfach so

PM: Du hast davon gesprochen, dass die Verwandlung des Einzelnen auch eine Verwandlung der Welt beinhaltet. Krishnamurti hat einmal den schönen Satz geprägt: „Du bist die Welt." Dieser Satz scheint seltsam, denn wer ist schon die Welt. Aber wenn man ihn tiefer versteht, dann heißt es doch offensichtlich, dass der Einzelne in seiner Verwandlung auch das Ganze verwandelt.

AK: Ja, das ist so. Durch die Transformation des Herzens wird unglaublich viel gebundene Energie freigesetzt. Frau Tweedie hat uns einmal gesagt, dass diese innere Wandlung einer Art Explosion nach oben gleichkommt: Ich-zentriert wird All-zentriert. Es ist tatsächlich so, dass sich die Welt komplett verändert. Es ist einerseits ein unglaubliches Geschehen und gleichzeitig ist es nichts. Aus der neu gewonnenen Perspektive ist nun alles neu. Wir betreten in diesem Jetzt eine Dimension, in der wir verstehen, dass jeder Augenblick neu erschaffen wird. Es ist eine radikal andere Perspektive, die unsere Lebensweise grundlegend verändern wird und damit auch die Welt.

PM: Du hast am Anfang vom Mut gesprochen, der für diesen Prozess entscheidend ist. Wie weit hängt Mut mit Freiheit zusammen? Ist es nicht eine ganz unverzichtbare Grundlage dafür, dass wir, mit dem Mut einhergehend, erst einmal die Freiheit von all dem, was uns sonst bindet, verwirklichen müssen?

AK: Hilfreich ist es, wenn wir eine Art Verständnis dafür haben, um was es im Tiefsten geht. Es geht um ein Freies Sein, bewusstes Mensch-Sein. Und das braucht Mut. Es braucht Mut, alle Vorstellungen, Konzepte, -Ismen loszulassen. In meinem Fall war dieses „stirb und werde" und, damit einhergehend, alles auf eine Karte zu setzen, ein großer Schritt. Ich hatte vor allem Panik, mir selbst zu begegnen. Warum, wusste ich nicht so genau. Ich wusste nur, wenn ich „Ja" sage, würde ich meinem inneren Drachen begegnen. Ich empfand es wie das Hinunterspringen von einem 100-Meter-Brett in etwas total Unbekanntes. Dieser Schritt erforderte Mut. Es war eine bewusste Entscheidung, eine Absichtserklärung. Vielleicht ist das aber auch nur bei mir persönlich so der Fall gewesen. Es braucht Mut, sich mit sich selbst zu konfrontieren. Obwohl ich alles hatte, was ich zum Leben benötigte, war da ein leises Unglücklichsein. Es gab eine Art dumpfen Schleier in mir. Ich war auch eifersüchtig, hatte Selbstmitleid und Minderwertigkeitsgefühle; und niemand konnte mir damals sagen, wie es dazu kam und wie ich sie überwinden könnte. Ich wollte dies sehr wohl, wusste aber nicht wie. Erst als ich in Kontakt mit dem Tibetischen Buddhismus kam, der aufzeigen konnte, wie man tatsächlich Geistesgifte in Weisheitsaspekte zu verwandeln vermag, da hatte ich einen Ansatz gefunden. Als ich später Frau Tweedie kennenlernte und der Weg der Liebe vor mir lag, da bekam ich ein Fahrzeug in die Hand gelegt, um den Fluss zu überqueren. Durch das innere „Ja" war ich bereit, mich mir selbst zu stellen.

PM: Ist dies nicht gleichzeitig auch ein Befreien von allem Alten?

AK: Oh ja, selbstverständlich! Nur weiß ich, wenn ich am Sprungbrett vorne stehe, noch nicht, dass es mich wirklich befreit. Ich wusste damals nur, dass ich auf diese Weise nicht weiterleben wollte.

PM: Freiheit ist also teilweise das Ergebnis des Mutes?

AK: Ja und nein. Frei sind und waren wir schon immer; und es ist nicht so, dass Mut ein Frei-Sein hervorzubringen vermag. Wir sind frei. Wir suchen, was wir sind. Aus relativer Sicht kann man sagen, dass es oft Mut erfordert. Ich jedenfalls brauchte Mut zum Springen.

PM: Dazu fällt mir spontan der Satz ein: „Die Wahrheit wird euch frei machen."

AK: Ja, das passt sehr gut.

PM: Es ist auch der Mut zur Wahrheit, der damit einhergeht.

AK: Ja, der Mut, ganz wahrhaftig zu sein – in allen Lebensbereichen. Es ist der Mut zur tiefsten Wahrheit.

PM: Wobei das Vorhergehende vielleicht nicht einmal unwahr gewesen sein muss. Also die Annette Kaiser der „Geranien-Zeit" war ja keine Unwahre.

AK: Aus der tiefsten Perspektive betrachtet, ist die Welle das Meer. Sein und Werden – Nicht-Zwei. Was ist, ist Ge-wahr-sein. Da stellt sich die Frage nach wahr und un-wahr sein gar nicht. Erst wenn eine Identifikation stattfindet mit etwas, stellt sich diese Frage. Damals empfand ich mich als getrenntes Wesen; ich war mit Annette, der Welle, identifiziert – und dementsprechend war die Erfahrung. Ich unterscheide drei Ebenen von Wahrheit: Die relative Wahrheit, die essenzielle Wahrheit und die absolute Wahrheit. Relativ gesehen, ist jeder Mensch eine einzigartige Form, getrennt von allen anderen Formen. Aus einer tieferliegenderen, umfassenderen Perspektive offenbart sich uns die essenzielle Wahrheit, das Ich bin, das Leben selbst, das jeder menschlichen Form zugrunde liegt. Die absolute Wahrheit ist jenseits des Nennbaren. Um nochmals auf deine Frage zurückzukommen: Die Annette Kaiser der Geranien-Zeit war weder wahr noch unwahr. Das eigene Erleben dabei ist eine ganz andere Sache: Es ist eine Frage des Bewusstseins. Sich als getrenntes Wesen bewusstseinsmäßig zu erfahren, bedeutet eine sehr begrenzte Sicht, die zwischen Leid und Freude, Angst und Erwartung hin und her pendelt. Sich als Teil des Ganzen und als Ganzes zu gewahren, erweitert Horizont und Tiefe. Wir erfahren dabei die Stille, die Totalität und deren Ausdruck im Jetzt. Je tiefer wir im reinen Bewusstsein schwingen, im unmittelbaren

Hier und Jetzt, desto mehr relativiert sich deren Ausdrucksform, die Welle. Aus der Sicht des Meeresgrundes ist Stille.

PM: Die dritte Frage, die ich aufgrund dessen, was du gesagt hast, gehabt hätte, ist jene nach der Unio Mystica. Du hast sehr schön gesagt, dass wir nach der Erfahrung der Unio Mystica wieder auf den Marktplatz gehen, was bedeutet, dass die Unio Mystica im Grunde nicht statisch ist.

AK: Grundsätzlich ist die Unio Mystica eine innere Erfahrungsdimension, die in sich selbst dynamisch ist. Gewahr-Sein – das immer ist, war und sein wird, und gleichzeitig dieser Augenblick, der jeden Moment neu, also unglaublich dynamisch ist, stets im Wandel. Die Unio Mystica ist nicht die letztendliche Dimension. Sie führt ins Non-duale, wo alles ist, was ist; wo Marktplatz und Unio Mystica Nicht-Zwei sind. Aber die evolutive Entwicklung wird uns Menschen erkenntnismäßig noch weiterführen Es liegen noch tausende von Jahren vor uns.

PM: Die Unio Mystica ist ein immens dynamischer Prozess. Vielleicht so wie das Endliche und das Absolute, die sich immer auf unendlichen Wegen annähern, in einem permanenten dynamischen Prozess begriffen sind.

AK: Ja, ein Prozess, der sich in jedem Augenblick neu vollzieht. ES leuchtet im Hier und Jetzt – immer neu.

KAPITEL 4

DIE DAUER DES WEGES

Wie kann ich überprüfen, ob ich auf einem inneren WEG voranschreite oder nicht? Heutzutage gibt es nicht mehr nur Fahrzeuge, die den Menschen aus den verschiedenen spirituellen Traditionen zur Verfügung gestellt werden, um sich selbst zu erkennen. Wir leben im 21. Jahrhundert in einer unglaublichen Dynamik. Bis in die 70er Jahre des letzten Jahrhunderts wurden die traditionellen Wege oft nur im Verborgenen praktiziert. Es waren Geheimlehren, die nur wenigen Menschen zugänglich waren. Heute stehen diese inneren Wege zur direkten Erfahrung des Göttlich-Menschlichen allen Menschen zur Verfügung; das ist etwas ganz Neues. Zudem geschieht es immer wieder, dass Menschen – einfach so – eine Herzensöffnung erfahren oder einen Einblick ins All-Eins-Sein erleben. Wie kann ich mich nun überprüfen, ob so eine Erfahrung oder ein innerer Weg mein Herz transformiert? Das ist ganz einfach. Ich kann als Erstes überprüfen, ob ich jetzt glücklich und zufrieden bin. Will ich dies weitreichender unter die Lupe nehmen, so kann ich mein Umfeld begutachten: Wie sieht meine Partnerschaft oder Familiensituation aus? Sind sie friedlicher geworden? Gibt es mehr Respekt und Toleranz im Miteinander? Wie sieht es mit dem Arbeitsfeld aus? Kann ich leichter Kritik entgegennehmen, verzeihen, Lob ausdrücken, Wertschätzung zeigen usw.? Vielleicht kann ich auch mehr Synchronizität im alltäglichen Leben feststellen. Ich kann mich in jedem Fall jetzt fragen: „Bin ich glücklich?" Wenn nicht, bin ich nicht wirklich präsent.

Wir haben die verschiedenen Phasen angeschaut, die bis hin zur Unio Mystica und schließlich in die non-duale Bewusstseinsdimension führen. Wie lange dauert das? Buddha gab darauf eine interessante Antwort. Er sagte: Es gibt vier Wege. Der erste ist kurz und freudig. Der zweite ist lang und freudig. Der dritte ist kurz und leidvoll, und der vierte ist lang und leidvoll. Und ich sage: Es gibt einen fünften. Das Hier und Jetzt. Und das ist etwas ganz Besonderes. Wenn wir die Schöpfung betrachten, dann gibt es nichts, aber auch gar nichts, das nicht jeden Augenblick auf den Urgrund verweist. Auch gerade jetzt. Hier steht ein Glas Wasser. Ich nehme das Glas – und schon wie die Hände nach Glas greifen, ist faszinierend – etwas macht, dass die Hand sich bewegt, sich öffnet und greift. Dieser Vorgang ist hochkomplex – ein Wunder in sich selbst. Dann führe ich das Glas zum Mund. Wasser berührt Zunge – mhh, wie erfrischend! Dieser Moment der Berührung von Wasser auf Zunge: Wasser – Zunge – Schmecken. Das ist Liebe pur – ein Liebesbund. Wenn wir ganz wach sind, im Hier und Jetzt, vielleicht den Fuß auf nasses Gras setzen und ganz achtsam sind – nur dieses Absetzen des Fußes. Wie er langsam sinkt, in dieses Gras eintaucht. Wie die Grashalme sanft nach unten gedrückt werden, und wie die Erde uns hält. Keine Frage. Kein Problem. Keine Sorgen. Keine Persona. Einfach nur dieses Jetzt. Gras – Stehen. Erde – Stehen. Was ist, ist. Im Kaschmirischen Shivaismus wird sehr schön aufgezeigt, dass jedes Objekt, jede Bewegung, jede Begegnung uns aus der Trennung in den Urgrund führen kann. Dasselbe gilt für Konflikte, Ängste, Sorgen usw. Wenden wir uns etwa der Trauer ganz zu, lassen uns komplett darauf ein, konfrontieren uns kompromisslos mit ihr, so löst sie sich im Jetzt auf, wird zu nichts. Glücksgefühle, Freudensprünge oder ähnliches erweitern sich in der Präsenz zu bedingungslosem Glücklich-Sein, bis selbst dieser Geschmack in dem aufgeht, wo keine Eigenschaften mehr beschreibbar sind.[6]

Der fünfte Weg meint also, einfach nur waches Dasein im Hier und Jetzt. Ganz im Augenblick sein, Ge-wahrsein. Wahres Sein. Be-wusstes-Sein. Fallen wir wieder ins Subjekt und Objekt – in die Trennung – und werden wir uns dessen gewahr, wirkt die Kraft des Jetzt unmittelbar. Jetzt – genau so! In Extremsituationen erleben zudem viele Menschen diese Präsenz: Da ist kein Gedanke mehr, nur eine blanke Wachheit, die den Menschen genau die richtige Handlung vollziehen lässt. Damit können wir vielleicht verstehen, dass alles, was uns im Leben, sei dies

---

6   Vgl. Gangaji, Der Diamant in deiner Tasche

innen oder außen, begegnet, in den Urgrund zeigt. Wenn wir die Sprache des Lebens lesen können, so ist das Leben selbst der größte Lehrer, der uns in jedem Augenblick auf unser ewiges Dasein verweist – Jetzt.

Alle Wege führen letztendlich in diesen Augenblick – Jetzt. Meistens gibt es dann – irgendwann – dieses heitere Lachen, das Lachen des Verstehens. Zwanzig Jahre spirituelle Übungen, fünf Jahre Meditation, zehn Jahre Übung der Aufmerksamkeit enden in diesem Nichts-Alles, wo es keine Zeit gibt, keinen Prozess gibt, wo alles abfällt und wir verstehen, dass unsere Bemühungen, unsere Anstrengungen und unser vergängliches Ich nicht die letzte Wirklichkeit sind. Gleichzeitig existieren wir mehr-dimensional. Es ist nicht so, dass das Individuum – das ein einzigartiger Klang ist, das kostbar ist – einfach verschwindet. Das Individuum mit seiner Begabung kann sich so erst meist aus der eigenen Mitte heraus entfalten, zum einzigartigen Ausdruck. Er ist Teil des Ganzen und zugleich das Ganze selbst. Wir erfahren uns als „Ich bin die Annette", „Ich bin der Hans" – als Individuum, aber in einer Ich-Freiheit. Das kleine Ich schwingt transzendiert im tieferen und umfassenderen „Ich bin", dem nächst größeren Holon; und dieses schwingt im noch umfassenderen „Ich-Ich" – Nichts-Alles. Wir sind also mehr-dimensional und gleichzeitig ist nur dieses Hier und Jetzt. Es ist ein schlichtes Da-Sein. Einfach. Endlich normal. Nichts Besonderes – ganz besonders. Nichts ist heilig. Weder schnäuzen, noch essen, noch schreiben, noch meditieren. Alles ist heilig. Essen,

Trinken, Gehen, Schreiben. Das Leben entfaltet sich auf eine Weise, wie es sich zu entfalten hat. Wir gehen mit dem Fluss, sind der Fluss selbst. Es ist ein Leben aus dem inneren Licht heraus. Es ist zugleich achtsames In-Sich-Hören. Wir lauschen dem Herzen und Gehen mit dem, was das Herz sagt; wir folgen dem inneren Licht. Damit tragen wir spontan und natürlich, mit gesundem Menschenverstand gepaart, zur Symphonie des Ganzen bei – zum Wohle aller Wesen.

Der fünfte „Weg" ist das Hier und Jetzt. Die Präsenz im Augenblick. In der Präsenz des Augenblicks, im Hier und Jetzt, ist Gewahrsein, ist bewusstes Sein – Mensch-Sein. Wir erfahren darin das, was ist, innen wie außen in der Welt. Alles entspringt dem Urgrund und kehrt dahin zurück. Wenn wir eine Berg-Anemone sehen, die sich leise im Wind bewegt und zittert, schauen wir sie in diesem Hier und Jetzt. Es ist nicht die Anemone und nicht der Betrachter oder die Betrachterin, sondern es ist dieses unmittelbare Wahrnehmen – Blume schauen. Dieses „Blume schauen" ist verwirklichter Liebesbund. Die Blume, die sich sanft im Frühlingswind in der Bergwiese bewegt, und der Mensch, der diese Blume sieht. Blume und Mensch. Liebender und Geliebter – Eins. Blume schauen. Jetzt. Genau so. Wenn wir die Blume auf diese Weise aus diesem Hier und Jetzt heraus betrachten, ist es eine unmittelbare Berührung im Eins-Sein. Oft folgt danach die Namensgebung – eine Anemone. Indem wir ihr einen Namen geben, erschaffen wir damit die Trennung; die Welt der Dinge. Ziel aller Yoga-Wege ist es, präsent zu sein in jedem Augenblick.

Es ist ein Leben aus dem Jetzt, das sich aus dem inneren Licht heraus dynamisch entfaltet – frei und natürlich. So ist das Leben wie ein Fluss, der in der Harmonie des Ganzen schwingt. Was ES will, beginnt sich im Menschen zu entfalten. In diesem Hier und Jetzt ist keine Persona mehr wirklich vorhanden. Sie taucht ein in etwas, das größer ist; das kleine Ich geht auf in dem großen Ich. Es ist wie eine Liebesschwingung – ein Oszillieren zwischen Nichts und Allem. Wir sind viel mehr Schwingung als etwas Festes. Es ist wie das klare, farblose Licht und das Prisma, das alle unsere Farbaspekte in sich zum Tanzen bringt. Gerade jetzt. Genau so. Keine Zeit. Jetzt ist Ewigkeit. Raumloser Raum. Bewusstes Sein. Menschsein.

KAPITEL 5

GIBT ES EINE ENDGÜLTIGE ERLEUCHTUNG?

Was für eine Frage! Traditionell sprechen wir nicht von Erleuchtung, sondern von dem Eins-Sein mit dem Geliebten oder der Transformation des Herzens – wie immer wir dies benennen. Es gibt nur ganz wenige Menschen, denen eine so tiefe Einsicht in den Urgrund geschenkt wird, die den ganzen Menschen sozusagen in einem „Schlag" vollkommen zu transformieren vermag. Beispiele dafür sind Ramana Maharshi, Eckhart Tolle oder Byron Katie. Allerdings brauchen diese Menschen oft auch Zeit, um Worte zu finden, die Bewusstseinswandlung zu integrieren. Für die meisten Menschen vollzieht sich die Transformation als Prozess. Eine mystische Erfahrung ist ein erster Schritt zum bewussten Mensch-Sein. Es gibt zahllose Vorstellungen darüber, was Erleuchtung sein könnte und sollte. Ein Sufi-Sprichwort sagt: „Gott ist das Gegenteil davon, was wir uns vorstellen." Ja, es ist jenseits jeglicher Vor-Stellung. Erleuchtung kann als ein Prozess gesehen werden, der jeden Augenblick stattfindet. Kein Mensch kann wirklich erleuchtet sein; denn leuchten kann ES nur vollständig, wenn niemand da ist. Nach einer Erfahrung der Unio Mystica, die oft nur einen sehr kurzen Einblick gewährt, geht das Leben weiter. Aber es gibt einen neuen inneren Bezug. Nach meiner Erfahrung braucht es Zeit, bis sich unser inneres Gefüge vollständig transformiert, ganz wandeln kann. Zugleicht existiert Zeit nicht. Auf einem inneren Weg geht es um Selbstverwirklichung. Selbsterkenntnis und Selbstverwirklichung. Die Transformation von einem Ich-fixierten in einen Ich-freien Raum benötigt für die meisten Menschen Zeit. Wir erfahren dabei, dass die gebundene Ich-Kraft mehr und mehr loslässt und dieses wache Dasein im Augenblick mehr und mehr zu einer Gewissheit und Lebenswurzel wird. Ich spreche manchmal vom Goldenen Schnitt. Der Goldene Schnitt, dort, wo „ich bin die Annette" vielleicht noch zu einem Drittel schwingt und zwei Drittel bereits in diesem „Ich bin" verwurzelt sind. In der allertiefsten Tiefe ist absolute Stille, das große Geheimnis – jenseits des Nennbaren. Es ist, was ist. Im Alltag zeigt sich Gewahrsein – das, was ist – immer deutlicher. Ich vermag mehr und mehr ganz in diesem Augenblick, im Jetzt, zu leben, ohne in die Vergangenheit oder in die Zukunft abzuschweifen. Gewahrsein ist, war und wird immer sein. Gewahrsein ist die einzige Konstante – und gleichzeitig ist jeder Tag neu. Jeder Tag ist ein guter Tag. Jeder Tag ist ein neuer Tag, und jeder Tag bringt neue Herausforderungen. Im Jetzt paart sich Gewahrsein mit einer ungeheuren Dynamik, die in der absoluten Stille wurzelt. So ist es das Gewahrsein, das unveränderlich und immer ist, wie ein Surfbrett, das ich jeden Tag hervorhole, um die Wellen im alltäglichen Geschehen zu reiten. Manchmal sind es kleine Wellen, manchmal sind es größere Wellen. In diesem Hier und Jetzt verschwindet auch allmählich immer mehr die persönliche Geschichte, d.h. die Identifikation damit. Sie wird unwichtig. Sie verliert an Bedeutung. Ohne eigene Geschichte sind wir frei. Es bedeutet, dass die Konditionierungen – persönlich, familiär, gesellschaftlich – transzendiert sind. Das Leben entfaltet sich spontan und natürlich. Es gibt nur diesen Augenblick. Das Leben ist immer nur Jetzt. Es ist das Einzige, was wirklich existiert. Außer dem Hier und Jetzt gibt es keine Sicherheit. Alles andere ist unsicher. Wir wissen nichts. Und selbst wenn wir diesen Augenblick genau betrachten, was ist er? Wer sind wir? Was ist die Welt, das Universum? Wissen wir es wirklich?

PM: Wenn du vom Ich und vom höheren Ich sprichst, oder man könnte vielleicht auch vom Selbst reden und dem Göttlichen auf der anderen Seite, wenn man es räumlich mit Seite ausdrücken will, dann haben wir definitiv verschiedene Bewusstseinsstufen vorliegen. Das kleine Ich ist Unwissen. Es gibt Hass, es gibt Gewalt, es gibt alles Mögliche. Es empfindet Gottferne. Aber wie kann das kleine Ich zu diesem kleinen Ich geworden sein, wenn es doch innerhalb dieses großen Göttlichen eigentlich geborgen ist?

AK: Vielleicht hilft da eine evolutive Betrachtungsweise, bei der sich zuerst alles in der Evolution aus sich selbst heraus weiter entfaltet hat, bis hin zum Menschen. Beim Menschen ist dann etwas Neues hinzugekommen, nämlich das reflektive Bewusstsein. Ich kann es nicht in aller Tiefe erklären, aber nach meinem Verständnis hat sich das Formlose, das sich in ein menschliches Wesen, in eine Form hinein begibt und das reflektive Bewusstsein im Menschen hervorbringt, mit der Form identifiziert. Dieses reflektive Bewusstsein nennen wir „Denken", „Verstand" oder „Mind". Seine Neigung ist es – gepaart mit dem Ego oder dem kleinen Ich – sich mit Dingen zu identifizieren. Das Wort „identifizieren" heißt „gleichmachen"[7]. Die Substanz des Mind ist geliehenes, reflektiertes Licht, aber nicht Licht selbst. Es operiert auf der Ebene der Spiegelbilder. Vergleichbar ist das mit einem Kino. Wir schauen uns einen Film an und sind plötzlich ganz im Geschehen absorbiert. Wir haben vergessen, dass wir im Kino sitzen. Auf uns übertragen bedeutet es, dass wir voll mit unserem Körper, unseren Gefühlen, unserer Geschichte identifiziert sind. Auf dieser Ebene ist stets ein Mangel spürbar. Etwas in uns hofft, dass wir dann, wenn wir noch dieses oder jenes hinzufügen, endlich ganz sind. Das ist ein unbewusster Prozess. Gleichzeitig erahnen wir heute immer mehr, dass das nicht alles sein kann. Diese Identifikation mit der Form löst allmählich ihren Griff.

Wir sagen aus traditioneller Sicht, dass wir vergessen haben, uns daran zu erinnern, wer wir wirklich sind. Wir kennen im Tiefsten ein Ganz-Sein. Wie sonst könnten wir eine Sehnsucht nach Ganz-Sein, nach dem Göttlichen haben? Wir kennen die-

---

7   Vgl. Eckhart Tolle, Bewusstsein einer neuen Erde

sen Geschmack, weil wir DAS sind. Oft spüren Menschen eine tiefe Sehnsucht in sich, die ruft. Sie ruft zu diesem Ganzwerden, um dem Göttlichen zu begegnen und mit dem inneren Geliebten eins zu werden. Diese Sehnsucht selbst ist der weibliche Teil im Liebesbund. Es ist diese Sehnsucht, die wegweisend das Herz zu öffnen vermag, damit ES sich ergießt – Einswerdung.

PM: Könnten wir sagen, dass dieses Ganz-Sein ein potenzielles Ganz-Sein ist? Weil das Göttliche – da sind wir uns sicher einig – sich nicht selbst unbewusst werden kann. Das Göttliche kann nicht zu einem Nicht-Göttlichen werden, das Bewusste nicht zu einem Unbewussten. Wenn wir also sagen, dass dieses kleine Ich, von dem du sprachst, dieses Göttliche gewissermaßen nur als Sehnsucht in sich fühlt, dann ist es vielleicht so wie ein Samenkorn, das als unsterblicher göttlicher Funke in ihm ruht und sich entfaltet. Bis es mit diesem großen Göttlichen immer mehr und mehr – vielleicht auf einem unendlichen Weg – eins wird.

AK: Relativ gesehen, kann man dies so ausdrücken. Nehmen wir nochmals den Blick auf eine evolutive Betrachtung, so können wir den großen Schwung erkennen, von Wasser und Stein zu Pflanzen und Tieren – bis hin zum Menschen. Nehmen wir diese Entfaltung etwas genauer unter die Lupe. Begeistert entdecken wir die Intelligenz, die in der Evolution wirkt, die auch die Wissenschaft staunen lässt. Der aufrechte Gang des Menschen, die Gehirnentwicklung, wie jede Sinneswahrnehmung im Menschen eine Multitask-Force-Aufgabe vollbringt. Der Mensch ist ein wirkliches Wunderwerk.[8] Und die evolutive Entwicklung ist noch nicht zu Ende. Die Erde hat noch fünf Milliarden Jahre vor sich, bis sie als Stern ganz verglüht. Sri Aurobindo spricht vom heutigen Menschen als einem Übergangswesen, das allmählich in ein gnostisches Wesen hineinwächst, das vollkommen bewusst ist und weiß. Betrachten wir diese gesamte Entwicklung, so kommen wir ins Staunen: Darin ist das Wirken von IHM, dem Göttlichen in der 3. Person, zu erkennen. So gesehen, ist die menschliche Phase, wo Unwissenheit vorherrschend ist, wohl eine vorübergehende Phase. Jetzt ist allerdings erstmals die Bewusstheit des Menschen gefragt. Die zukünftige Evolution entfaltet sich – zumindest teilweise – über das Bewusstsein der Menschheit; und das ist ein ganz neuer Aspekt in der evolutiven Geschichte. Eine zweite kopernikanische Wende, sagt Willigis Jäger, kündigt sich an: Wir als Mensch sind nicht der Nabel der Welt, wir sind Teil eines noch größeren Ganzen und zugleich das Ganze. Wird uns dies ganz bewusst, wird sich das Leben auf der Erde radikal verändern. Ein neues Welt- und Selbstbild wird Wurzeln fassen. Nochmals zurück zur Frage: Im tiefsten Grunde gibt es keine Trennung, auch wenn wir das relativ gesehen so erfahren. Es gibt nur DAS. Wieder traditionell gesprochen, heißt das, es gibt nichts als das Nichts-Alles. Es ist beides – gleichzeitig – Spiegel und Spiegelbild. Nichts ist außerhalb von dem, das keinen Namen hat. Es gibt nur DAS. Gleichzeitig

---

8   Vgl. Bruno Martin, Intelligente Evolution

gibt es auf der relativen Betrachtungsebene diesen Prozess von Ich-Identifiziert-Sein hin zu einem Loslassen, zu einem tieferen Einblick in dieses „Ich bin"; darin ist alles enthalten, wurzelnd im Urgrund – nichts.

KAPITEL 6

DIE INTEGRATION VON SPIRITUALITÄT IM ALLTÄGLICHEN LEBEN

Die Erfahrung der Unio Mystica, das Schmecken des Urgrundes, verändert das eigene Selbst- und Weltbild tiefgreifend. Diese radikal neue Perspektive bedarf bewusster Integration in allen wichtigen Daseinsbereichen unseres Lebens.

Beginnen wir mit dem Körper. Der Körper selbst ist von einer wunderbaren Intelligenz; er ist ein sehr kostbares Gefäß. Dies in seiner ganzen Fülle zu würdigen, ist ein erster Schritt. Viele Menschen haben ein ambivalentes Verhältnis zu ihrem Körper. Wir bemerken dies meistens erst dann, wenn etwas nicht mehr so ganz funktioniert. Der Körper ist eine brillante Kreation der Evolution. Es braucht Milliarden Anteile von Energie, um eine Einheit Materie zu erschaffen. Aktuelle wissenschaftliche Erkenntnisse zeigen uns zudem neue Dimensionen des körperlichen Daseins auf. So wissen wir heute, dass achtundneunzig Prozent aller Atome sich innerhalb eines Jahres komplett erneuern. Der

Körper ist nicht etwas Festes. Er gleicht vielmehr einem Fluss. Schon Heraklit sagte: „Alles fließt!" Setzt man den Fuß in einen Fluss und kurz darauf nochmals, so taucht der Fuß jedes Mal in ganz neues Gewässer ein. So ist es auch mit unserem Körper. Er erschafft sich ständig neu. Alle sechs Wochen eine neue Leber. Alle drei Monate ein neues Skelett. Alle fünf Tage neue Magenwände. Im Körper ist auch eine Intelligenz wirksam, welche die Tätigkeiten der verschiedenen Zellen synchronisiert, koordiniert und miteinander ständig kommunizieren lässt. In der Korrelation wird eine Brillanz an Intelligenz erkennbar, welche diejenige unseres Gehirns bei weitem übersteigt. Der Körper ist heilig. Der Körper ist als ein Geschenk zu betrachten. Man kann auf ihn lauschen. Er hat seine eigene hohe Intelligenz. Wir wissen heute, dass wir mit den Zellen kommunizieren können und damit einen wesentlichen Einfluss haben. *Die Mutter* von Sri Aurobindo empfahl ein Mantra, um das Mental der Zellen zu klären. Unsere Zellstruktur ist auf eine viel längere Lebensdauer angelegt, als wir dies allgemein heute kennen. Zudem hat sie Fähigkeiten, die wir erst heute allmählich wissenschaftlich und durch inneres Auskundschaften entdecken. Bei der Integration des Körpers geht es darum, ihn zu respektieren als das, was er ist – in allen Facetten. Das Thema Sexualität ist auch ein Aspekt davon. Die Begegnung von Mensch zu Mensch auf einer körperlichen Ebene, die alle anderen Ebenen des Daseins mit einbezieht. In diesem Bereich eine Heilung zu vollziehen, ist etwas, was in der heutigen Zeit dringend notwendig ist. Aufgrund des alten Paradigmas, worin Geist und Materie als etwas

Getrenntes erscheinen, spalten wir noch oft das Körperliche ab. Der Körper wird dabei als Materie verstanden. Dabei ist in letzter Konsequenz Materie Geist und Geist Materie. Vielleicht könnte man auch sagen, dass Materie eine stehende Geistwelle ist. In der Spaltung von beiden erfuhr die Materie eine Abwertung, die bis heute nachschwingt. Viele Konditionierungen bauten sich darum herum auf, die das Bewusstsein des Menschen prägten, auch was die Sexualität betrifft. Integration bedeutet, diese Spaltung zu heilen. Sexualität bedeutet, Begegnung von zwei Menschen. Das Teilen einer innigsten, intimsten Art und Weise ihres ganzen Seins. Ein Feiern. Alles ist heilig – nichts ist heilig. Dieser Aspekt gehört für mich ebenfalls zur Integration der körperlichen Ebene.

Die Psyche ist ein weiteres Feld der Integration. Auch da gibt es ein neues, ein anderes Verständnis. Die Psyche bringt Farbe in unser Alltagsleben hinein. Darin widerspiegelt sich Lichtes und Schattenhaftes. Sie erzeugt Spannung und kann auch sehr leidenschaftlich, manchmal sogar dramatisch sein. Es sind die Wellen. Wir sind der Ozean. Welle ist Ozean. Die Emotionen, die kommen und gehen, sind Teil davon. Im All-Einen Bewusstsein verfeinern sie sich. Wir sind nicht mehr überwältigt. Wir sehen, wie die Gefühlswellen aufsteigen und haben dadurch die Wahl, sie einfach zu beobachten, ja ihre Kräfte bewusst zu reiten. Wir sind mit den Gefühlen nicht mehr identifiziert. Sie kommen und gehen, und ihre Wellenbewegungen werden sanfter, fast zart. Die Fähigkeit zu fühlen, ist eine große Kostbarkeit. Nur menschliche Wesen haben diese ausgeprägte Möglichkeit des Mitfühlens, des Gefühls. Unser Leben gleicht dadurch einem Farbenspiel. In der Psyche treffen wir aber auch Teile an, die finster sind. Wir treffen helle und dunkle Teile an. Die Integration der Psyche bedeutet für mich auch, dass wir allmählich die Schattenteile als Freund betrachten. Tauchen diese auf, so ist das eine Gelegenheit, das Bewusstsein zu erweitern und zu vertiefen. Lichtes und Dunkles werden zu Freunden. Alles, was ist, ist freundlich. Es sind Kräfte in unserer Psyche, die wir beginnen zu respektieren, zu integrieren – sie zu feiern.

Ein weiterer Integrationsaspekt ist das, was im Englischen *Mind* genannt wird. Wir lernen die Dynamik des Verstandes, der Vernunft, des Intellekts, der Gedankenkraft zu verstehen und zu lenken. Wir loten sie aus, so dass wir Meister/Meisterinnen des Mind werden und nicht umgekehrt. Denken ist eine wunderbare Begabung, die der Mensch hat. Es bedarf nur dessen richtigen Einsatzes. Gedanken wird es immer geben. Sie kommen und gehen. Wir lernen, Gedankengänge, die uns inspirieren und wichtig sind, aufzunehmen, andere dagegen einfach vorbeiziehen zu lassen. Bei der Integration des Mind geht es auch darum, die Kraft, welche die Gedanken haben, zu erkennen. Jeder Gedanke, ob positiv oder negativ, wirkt. Er hat eine magnetische Kraft, die Realität erzeugen kann. Dessen sind wir uns bewusst und achten daher darauf, wie wir Gedanken und damit verbunden Worte einsetzen. Das Wort erschafft in noch größerem Ausmaß Realität durch seinen mitschwingenden Ton.

Dann gibt es für mich auch einen seelischen Aspekt der Integration. Durch das All-Eins-Sein kommen wir in Berührung mit unserer einzigartigen Wesenskraft. Jeder Mensch ist ein einzigartiger Klang. Jeder hat eine bestimmte Begabung, eine Aufgabe in dieser Welt. Er trägt durch seine einzigartige Gabe zum Dienst am Ganzen bei. Wenn wir ganz frei aus unserer Wesenskraft leben, dann fühlen wir uns wie ein Fisch im Wasser. Es ist uns wohl. Wir sind zu Hause in uns – im Einklang. Kreativität vermag sich so leicht zu entfalten und verhilft zu effizienter Manifestation. Häufig erfahren wir dabei Synchronizitäten. Wir vermögen voller Leichtigkeit unsere Aufgaben zu gestalten. Etwas in uns singt dabei. Da ist kein Stress, keine Anspannung. Die Seele hat die Lebensführung übernommen. Wie können wir verstehen, was mit Seele gemeint ist? Vielleicht kann sie als Feld bezeichnet werden, worin das Göttliche mit der Einzigartigkeit des Menschen im klaren Licht schwingt.

Dann gibt es für mich noch jene Bewusstseinsdimension, die Ken Wilber als GEIST bezeichnet. Es ist das Non-Duale. Jenseits von vereint oder getrennt, von innen oder außen, Kloster oder Marktplatz – nur DAS. Was ist, ist. Alles – Nichts – Nichts – Alles. Für mich war ein Text von Anandamayi Ma sehr hilfreich. Darin sagte sie, dass sowohl in der Vereinigung mit Gott als auch im Getrennt-Sein von Gott, Gott ist. Wenn wir ganz tief in uns hineinblicken und keine Wertung mehr haben zwischen vereint und getrennt, dann offenbart sich uns eine Dimension, die beides in sich hält. Einfach DAS. Jetzt. Genau so.

Ein weiteres Feld der Integration ist, dass wir Menschen soziale Wesen sind. Hier geht es darum, dass wir auch im sozialen Bezug dieses All-Eine immer mehr zum Ausdruck bringen, ganz konkret z.B. in der Kommunikation. Gewaltfreie Kommunikation. Wir hören dem anderen zu. Wir nehmen ihn wahr aus unserem Herzen. Wir nehmen einen Menschen nicht nur dem Anschein, der äußeren Form entsprechend wahr, nein, wir sehen sein inneres Licht und treten in Kommunikation ein. Teilen wir die Stille hinter den Worten, sind wir in der Kommunion. Eine wunderbare Methode dazu ist die Dialogform. Es geht aber auch noch um eine andere Dimension. Im Nichts-Alles gibt es auf der essenziellen Erfahrungsebene keine Trennung mehr von Du und Ich. Du und Ich und alle anderen Wesen sind Nicht-Zwei. Wenn das so ist, dann ändern sich die Bezüge. Wir sind sensitiv, haben ein tiefes Einfühlungsvermögen. Wenn ich den anderen verletze, verletze ich mich selbst. Wenn ich den anderen ausbeute, beute ich mich selbst aus. Wenn andere Menschen irgendwo Not leiden, in einem anderen Erdteil, so schwingt auch diese Not in meinem Bewusstsein. Sind andere Menschen glücklich, so nehme ich an ihrem Glück ebenfalls teil. Das hat ziemlich radikale Konsequenzen auf meine Lebensweise, wenn sich diese Einsicht vertieft.

Ein weiterer Aspekt ist für mich die Natur. Mensch und Natur. Wir sind Teil der Natur. Und auch hier geht es um eine Integration. Wir sind nicht getrennt von der Natur. Wir sind ein lebendiger Organismus. Wenn wir etwas genauer die Natur erforschen, erfahren wir in ihr kosmische Gesetzmäßigkeiten. In ihr wirkt eine brillante Intelligenz, jenseits des Nennbaren. Die Natur widerspiegelt uns Rhythmen von Tag und Nacht, von Ebbe und Flut, zeigt uns, wie sich im Frühling Blätter im zarten Grün entfalten und wie sie sich im Herbst in goldenen Farben zu Boden fallen lassen. Alles hat seine Ordnung. Darin ist eine unglaubliche Schönheit zu entdecken. Jedes Sandkorn ist genau am richtigen Ort, jeder Grashalm einzigartig in seiner Gestalt. Bis zum Menschen hin hat die Natur sich aus sich selbst heraus weiterentwickelt. Einfach so. Sie entfaltet sich zu immer komplexeren Formen, einige entfalten sich nicht weiter oder sterben aus. Wir sind Teil der Natur. Die Natur versorgt uns. Ohne sie können wir nicht leben. Die Integration mit dem Aspekt der Erde, der Natur, bedeutet Kommunikation, wo wir in Achtsamkeit, Respekt und tiefer Liebe im Austausch sind. So kann sich die Harmonie, die der Erde inhärent ist, auch durch uns Menschen in ihr ausdrücken. Auf die aktuellen Fragen von Klima-Erwärmung, Trinkwasserversorgung, Bodenknappheit, Luftverschmutzung usw. reagieren wir nicht über Angst. Es ist die Liebe zu Allem, die uns zur Handlung bewegt. Nichts ist getrennt von uns. Das sind für mich die wesentlichen Aspekte der Integration im Feld des einzelnen Menschen.

PM: Ich fand faszinierend, was du über die Veränderung des menschlichen Körpersystems gesagt hast. Wenn man das tief in sich einwirken lässt, hat das eine immense Auswirkung auf unser Verständnis von Krankheiten. Es gibt nicht mehr dieses Determinale, das „endgültige" Ergebnis der Untersuchung, wenn man sagt, die Leber oder die Galle oder der Magen sind zerstört. Wenn man sich wirklich innerlich aufmacht und das göttliche Licht einströmen lässt, dann ist vieles transformierbar. Das bewirkt ein dramatisches Umdenken hinsichtlich unseres Verstehens von Krankheiten.

AK: Ja. Das hat eine unglaubliche Auswirkung. Wir wissen heute aus der Zellforschung – die Intelligenz der Zellen – dass die Zellmembrane Umwelteinflüsse aufnimmt und als Information sogar in ein Gen hineinbringen kann.[9] Die Umwelteinflüsse sind viel stärker prägend für unser Wohlbefinden und für unsere Gesundheit, als wir bisher annahmen. Wenn wir uns ein bisschen selber beobachten, erkennen wir dies. Ich weiß noch, wie ich früher als Teenager und später als junge Frau mit meinem Körper umgesprungen bin. Ich war unzufrieden mit diesem und jenem: Zu viele Kilo, zu dünne Haare usw. Durch dieses Denken habe ich den Körper in-formiert. Selten habe ich ihm gedankt. Erst als z.B. der kleine Finger verstaucht war und ich ihn nicht mehr bewegen konnte, realisierte ich, wie hilfreich der kleine Finger ist. Es ist erstaunlich, dass dieser wunderbare Körper heute so ist, wie er ist, trotz meiner damaligen Geringschätzung. Heute weiß ich nun, dass ich durch mein Denken und im Besonderen durch das gesprochene Wort einen tiefgreifenden Einfluss ausüben kann. Es haben sich mir neue Möglichkeiten

---

9   Vgl. Bruce Lipton, Intelligente Zellen

eröffnet, heilend einzuwirken. Eine schöne Übung ist es beispielsweise, am Morgen, wenn wir in den Spiegel schauen, zu sagen: „Good morning, sunshine." Anstatt halb unbewusst zu denken: „Mmh, die rote Nase ist aber gar nicht schön." Es gibt auch diese Dimensionserfahrung jenseits von negativer oder positiver Information. Es ist ein schieres Glücklich-Sein, das Leben in diesem nun 60-jährigen Körper jetzt, genau so, diesen Tag tanzen zu dürfen. Welche Freude! Perfekt, wie es ist. Wenn wir also bewusster werden, erfahren wir, welch ein Wunderwerk z.B. der Fuß ist. Wir sind ganz einfach dankbar dafür, und dies wirkt sich unmittelbar auf den Körper aus. Sind wir mit uns in Frieden, so stärkt dies automatisch unser Immunsystem. Sorgenvolle Gedanken verengen nicht nur das Bewusstsein, sie wirken sich auch körperlich aus.

PM: Ich fand das sehr berührend, was du über die Sexualität gesagt hast, die Begegnung mit dem Göttlichen im Anderen und das Feiern des Lebens. Ist es nicht so, dass wir eigentlich dazu kommen müssen, dass wir Sexualität als Gottesdienst verstehen? Ist es nicht im Grunde eine wirkliche Begegnung mit dem Göttlichen im Du? Ist es nicht weit, weit mehr als das, was im Allgemeinen so profan unter Sex verstanden wird?

AK: Das ist auch mein Verständnis. Wir haben ja nicht nur diesen physischen Körper. Genau betrachtet, ist der Körper ein Schwingungsfeld unter anderen. Wir bestehen aus mehreren Schwingungsfeldern: Dem körperlichen, vitalen, emotionalen, mentalen und spirituellen Lichtfeld. In der Sexualität vollzieht sich eine Begegnung aller Dimensionen des Menschseins; und das ist etwas so Tiefgreifendes, dass es für mich wirklich etwas Sakrales ist. Dieses Mysterium wieder zu verstehen und zu feiern, mit allen Aspekten der Erotik, mit allem, was uns gegeben wurde in diesem Bereich, das stellt eine neue Aufgabe für uns Menschen in der heutigen Zeit dar.

PM: Damit nehmen wir die Schuldbesetzung, die mit dieser Thematik lange verbunden war, vollständig wieder heraus, wir heiligen die Sinnlichkeit wieder neu.

AK: Genau. Die Sexualität ist in unserer Gesellschaft oft auf das Körperliche reduziert. Bei den Altgriechen fand die eigentliche Spaltung von Geist und Materie statt. Die Religionen – auch die christliche Religion – verehren oft den Geist, während die Materie etwas ist, das überwunden werden muss, anstatt zu erkennen: Was ist – ist. Das männliche Prinzip wurde dem Geist zugeordnet; das weibliche mit der Materie in Verbindung gebracht. Das Körperliche galt als verführerisch. Dies sind uralte Konzepte. Heute, wo wir verstehen, dass Geist und Materie nicht zwei sind, können wir die Materie wirklich heiligen, weil sie im Kern nichts anderes ist als Geist. Hans-Peter Dürr spricht von verkrustetem Geist oder stehender Welle.

PM: Ein anderer Gedanke, den ich für wesentlich halte, ist das Wort von der Einzigartigkeit. In der Begegnung mit der

72

Einzigartigkeit des Anderen ereignet sich ja immer auch eine Begegnung mit dem anderen Göttlichen, was mir zwar durch das eigene Göttliche vertraut ist, aber trotzdem ist es anders und berührt mich damit auf eine Weise neu, wie es aus mir selber heraus nicht möglich wäre. Es ist immer auch diese wunderbare Begegnung mit dem einzigartig Göttlichen im einzigartig Anderen.

AK: Ja. Das ist ganz wichtig. Es gibt im Zen dieses Verständnis von einer inneren Erfahrung, wo zuerst die Verschiedenheit in der Einheit erfahren wird und dann die Einheit in der Verschiedenheit. Das ist genau das, was du ansprichst. Die Einzigartigkeit – jeder ist einzigartig verschieden und gleichzeitig, im tieferen Blick, dieses Eins-Sein, Nicht-Zwei.

PM: Das ist für mich eigentlich die faszinierendste Erfahrung der verborgenen Anwesenheit des Göttlichen. Wenn es sie nicht gäbe, könnte ich dem anderen Einzigartigen gar nicht begegnen.

AK: Wunderbar gesagt.

KAPITEL 7

GLÜCKSELIGKEIT

Als Individuum bin ich – Annette – einzigartig, ein Klang unter vielen. Wenn ich tiefer hineinblicke, dann erfahre ich die essenzielle Ebene des Lebens – *Sat-Chit-Ananda*. *Sat* – Existenz, Leben, *Chit* – Reines Bewusstsein, *Ananda* – Glückseligkeit, ein Aspekt der Liebe. Diese drei sind untrennbar eins. Dieses ICH BIN kann ich nur empfinden – ein Duft der Liebe, ein Geschmack der Liebe. ICH BIN ist reines Bewusstsein, in dem keine Konditionierung den Himmel bedeckt. Ich erfahre unmittelbares Leben. Aber darüber wirklich zu sprechen, dies begreifen zu wollen, dies wirklich verstehen zu wollen – ist unmöglich. Es ist eine gänzlich andere Dimension. Ich kann immer nur wissen, was ich nicht bin. Was ich wirklich bin, kann ich nicht wissen. Es gibt nur dieses feine Empfinden von einem tiefen Frieden, von einem Aufgehobensein und einer Glückseligkeit, die alles durchdringt. Komme ich noch tiefer, in eine noch tiefere Ebene als die essenzielle Ebene der menschlichen Erfahrung, dann wird es still. Absolut still. Keine Liebe.

Keine Glückseligkeit. Keine Eigenschaften. Einfach Nichts. Aber in diesem Nichts ist eine Brillanz, ist eine Dynamik von ungeheurem Ausmaß. Sie entzieht sich jeglichen Worten, jeglicher Wahrnehmung: SIE IST und IST NICHT – zugleich.

Eingeschwungen in diese tieferen Dimensionen unseres Daseins singt die Liebe lautlos. Sie ist und will sich durch das einzigartige Gefäß Mensch auf natürliche Weise ausdrücken. Diese Liebe will sich aus sich selbst heraus manifestieren. Wir können diesem inneren Drang nur folgen. Erkenntnis, Willen und Handlung werden so allmählich zu einer Bewegung. Alle unsere Fähigkeiten werden dabei eingesetzt. Diese Liebe, die aus der absoluten Stille hervorsprudelt, schwingt in allem. Sie ist ursprünglicher Impuls jeder Begegnung, jeder Berührung. Sie hält die Welt im Innersten zusammen. Form und Formloses sind in der Liebe vereint, in innigster Umarmung. Alles ist darin enthalten. Vom Gröbsten bis ins Feinste. Schwingt diese Liebe im Menschen frei, sind wir endlich normal, das heißt wahrhaft Mensch. Jeder Augenblick ist ein fortwährendes Staunen. Wir erkennen die Freundlichkeit und Güte des Lebens. Die Wunder vollziehen sich jeden Moment. Ein Apfel, die Hand, die danach greift, der Biss, dieser köstliche Geschmack – nur DAS. Der Stuhl, auf dem wir sitzen, er trägt uns, der Boden auch. Der Wind, der durch die Büsche singt, der Zug, der uns nach Hause fährt, das Abwaschen der Teller – nur DAS. In dieser All-Gegenwart liegt tiefste Erfüllung und gleichzeitig Nichts.

KAPITEL 8

SPIRITUALITÄT IM 21. JAHRHUNDERT

Wir leben im 21. Jahrhundert, und es scheint so, als ob sich in dieser Zeit noch einmal neue Dimensionen des Verständnisses eröffnen würden! Über viele Jahrhunderte gab es Mystikerinnen und Mystiker in allen spirituellen Traditionen. Sie leisteten Schwerstarbeit, waren Vorreiter und Vorbilder zugleich. Oft war ihr Weg ein Weg des Kreuzes. Johannes vom Kreuz sprach von „der dunklen Nacht der Seele". Es waren einzelne Seelen, einzelne Menschen, die Licht in ein dunkles Zeitalter der Menschheit hineinzubringen vermochten. Heute sind alle Menschen gemeint, nicht nur einzelne Seelen, sondern alle. Die Evolution drängt nach weiterer Entwicklung. Die Menschen sind aufgefordert, über das mentale Bewusstsein in ein integrales, kosmisches Bewusstsein hineinzuwachsen – jenseits des Verstandes. Heute können wir sagen, dass es nicht mehr notwendig ist, einen Weg des Kreuzes zu gehen. Dass wir das Göttliche nur über einen Leidensweg erfahren können, ist ein Konzept.

Wir wissen heute, dass vor allem unser Widerstand Leiden auf einem inneren Weg erzeugt. Je weniger Widerstand wir leisten, desto leichter wird der Weg. Wir verstehen immer deutlicher, dass diese Welt nicht erschaffen worden ist, um der Menschheit ein Joch aufzuerlegen. Nein. Die Welt ist aus einem Akt der Liebe entstanden. Das meiste Leiden, das auf dieser Welt entsteht, ist von uns Menschen verursacht worden – aus Unwissenheit. Erkennen wir uns selbst, so verstehen wir, dass diese Welt in SEINER Essenz *Ananda* ist. Die Freude im Sein. Innerlich folgen wir unserem Herzen, dem, was unser Herz in Freude versetzt. Die Freude ist ein guter Leitfaden. Das, was unser Herz innerlich zum Hüpfen bringt, mit dem gehen wir. Es wird auch weiterhin Leiden geben, aber nicht aus Unwissenheit verursacht. Wir verstehen besser, wie wir mit Schmerzen umgehen können, ohne damit identifiziert zu sein. Psychisches Leiden mag immer wieder einmal aufflackern. Wir können uns diese Bewegungen direkt und unmittelbar anschauen. Die Präsenz lässt erkennen, löst auf. Für manche Menschen kann Leid auch ein Tor in die Präsenz sein. Es geht nicht darum, dem Leiden auszuweichen oder davonzurennen, wenn es erscheint. Freude und Leid sind wie Wellenkamm und Wellental. Sie bedingen einander. Solange wir eine körperliche Form haben, erfahren wir diese Dynamik. Alles, was wir zu benennen vermögen, ist ständig im Wandel. Beobachten wir die Tierwelt etwas genauer, so sehen wir, dass ihr Leben meistens in Harmonie mit dem Ganzen ist, nicht leidvoll. Oder betrachten wir das Wetter, so sind zerstörerische Stürme noch immer selten. Grundlegend ist der Schöpfung eine Freundlichkeit, ein Gut-Sein inhärent. Dies gilt auch für den Menschen, der seiner selbst bewusst ist. Im So-Sein ruhend, verstehen wir, dass der innere Frieden der erste Schritt zum Weltfrieden ist. Aus dem inneren Frieden erschaffen wir einen Frieden im alltäglichen Leben. Er spiegelt sich in unseren äußeren Lebensumständen wider, die jetzt in Harmonie schwingen mit dem, was ist. Daraus entfaltet sich allmählich Frieden in der ganzen Welt. Innerer Frieden ist die Voraussetzung für äußeren Frieden. Wir verstehen heute auch, dass wir nicht asketisch leben müssen. Wir erkennen die Fülle, die uns gegeben ist, und wir feiern diese Fülle. Betrachten wir eine Blumenwiese. Da ist so eine ungeheure Fülle und Vielfalt von Blumen und Gräsern. Jeder Grashalm, jedes Blatt ist einzigartig und fügt sich zu einem harmonischen Ganzen. Wir erkennen allmählich, was uns die Erde an Fülle schenkt. Wir wissen heute, dass wir für zehn Milliarden Menschen genug zu essen hätten. Nicht indem wir auf westliche Weise viel Fleisch essen, sondern wenn wir uns weitgehend auf der Basis von Getreide ernähren. Die Erde vermag diese Anzahl von Menschen zu ernähren. Welche Fülle! Es liegt an uns Menschen, dafür zu sorgen, dass alle Menschen Zugang zu diesen Gütern haben. Es ist weitgehend ein Verteilungsproblem. Wir verstehen auch im 21. Jahrhundert, dass unsere menschliche Basis nichts weiter als ein Oszillieren zwischen Nichts und Allem ist. Wir erfahren darin ein wirkliches Frei-Sein. Dieses Frei-Sein transzendiert alle bisherigen religiösen Ansätze. Die ursprüngliche Absicht einer Religion ist und war es immer, den Menschen rückzuverbinden zu seinen Wurzeln – und dies bedeutet absolutes Frei-Sein, jenseits eines Fahrzeuges oder einer Methode, jenseits von Ansätzen und Namen. Was könnte das Göttliche anderes sein als absolute Freiheit? Erkennen wir den Ursprung aller Religionen dieser Erde, dürfte ein transkonfessioneller Dialog möglich sein. Dabei wird die Verschiedenheit geehrt, das Eine zusammen gefeiert. Vielleicht wird daraus eine einzige „Religion" entstehen – die Religion der Liebe, die in der absoluten Stille oder Leere wurzelt. Treten Konflikte zutage, so können diese als kreative Reibung verstanden werden. Es sind verschiedene Standpunkte, die als solche gesehen werden. Niemand hat das alleinige Wissen. Die verschiedenen Standpunkte können zu etwas Größerem, Gemeinsamem führen. Fixieren wir uns auf unseren Standpunkt, unsere Religion, unsere –ismen, so widerspiegelt dies eine ethnozentrische Bewusstseinsstufe. Um Lösungen auf globaler Ebene zu finden, reicht dies nicht aus.

Einstein hat gesagt: „Probleme, die auf einer bestimmten Ebene entstanden sind, können nicht von dieser Ebene aus gelöst werden." Viele Probleme, mit denen wir in der Welt heute konfrontiert sind, sind nicht auf der mentalen Bewusstseinsebene lösbar. Im Hier und Jetzt, wo wir All-Eins sind, können sich vielleicht ganz neue kreative Lösungen finden. Wir verstehen mehr, wie wir Menschen miterschaffen. Wir sind Co-Schöpfer. Wir kreieren diese Welt mit, und gleichzeitig wirkt immer etwas, das wir nicht kennen: Ich nenne es das große Geheimnis. Aber wir Menschen verstehen mehr und mehr unsere Einwirkungskraft – über Gedanken, über das Wort, den Klang, über unsere

Intention – und können diese auf eine absichtsvolle – absichtslose – Weise zum Wohle aller einsetzen. Es ist ein Tun im Nicht-Tun. Es geht darum, das weibliche Prinzip – das Empfangende – und das männliche Prinzip – das Aktive, Zielgerichtete – in eine Balance zu bringen. Wir tun, was wir zu tun haben, ohne dabei Erfolg erzielen zu müssen. Wir tun, was wir zu tun haben, und in diesem Tun im Gewahrsein geschieht unmittelbar Erfüllt-Sein in jedem Augenblick. Mehr Lohn braucht es nicht. Wir verstehen auch, dass es heute um eine freiwillig angenommene Verantwortung geht. In diesem bewussten Sein gibt es kein „sollen" und „müssen". Durch die innere Erfahrung des All-Eins-Seins gibt es keine Trennung, sondern alle Selbste sind im SELBST enthalten. Durch inneres Lauschen folgen wir unserer inneren Stimme. Sie führt. Zur rechten Zeit, am richtigen Ort, mit den richtigen Menschen bringen wir die richtige Handlung hervor. Mit einem ganz offenen Herz, das nichts für sich selbst will. Ich übernehme freiwillig Verantwortung als Teil des Ganzen in Bezug zum Ganzen. Wir verstehen auch immer mehr den Zugang, der uns durch die Wachheit im Augenblick gegeben ist, den Zugang zu dieser brillanten Intelligenz. Vielleicht kann man sie als universelle Intelligenz bezeichnen oder als kosmische Intelligenz. Es ist diese Intelligenz, welche die evolutive Entwicklung hervorbrachte und die auch in unserem Körper wirkt. So ist es uns möglich, gleichzeitig das Frühstück zu verdauen, zu hören, zu sehen, zu denken, ruhig zu sitzen und anderes mehr. All das geschieht in einem einzigen Augenblick. Das verlangt eine unglaubliche Koordination an Funktionen.

Es ist ein einzigartiges Zusammenwirken, das wir mit dem Verstand nicht wirklich erfassen können. Es zeugt von einer hohen Intelligenz, die uns erahnen lässt, wenn wir angeschlossen sind an dieses intelligente Feld, was an neuen Möglichkeiten für uns Menschen vor uns liegt.

PM: Du hast von der *Religio* gesprochen, also von dieser Rückbindung an das Göttliche. Die Religionen waren ja Jahrtausende lang darauf aufgebaut, dass die Priester, in welcher Prägung auch immer, die Mittelsmänner zum Göttlichen waren. Ohne den Priester konnte dir entweder deine Sünde nicht vergeben werden oder du konntest überhaupt nicht zum Göttlichen zurückfinden. In diesem Zusammenhang fiel mir ein, wir sind ja in der Schweiz,[10] dass Niklaus von der Flüe, der große Schweizer Nationalheilige, gesagt hat, dass das Dritte Zeitalter das Zeitalter des Heiligen Geistes sein wird, in dem jeder im Grunde sein eigener Priester ist. Meinem Buch „Weltreligion" liegt ja der Gedanke zu Grunde, dass wir eine „Weltreligion des Herzens" benötigen. Das ist vielleicht auch etwas, was die neue Spiritualität im 21. Jahrhundert charakterisieren wird.

AK: Das ist interessant. Du sagtest Niklaus von der Flüe und das Dritte Zeitalter – 21 (21. Jahrhundert) – Quersumme drei. Das ist tatsächlich so. Am Anfang jeder Religion stand immer

---

10 Das Gespräch mit Annette Kaiser fand auf dem Eigerplateau statt. (Anmerkung des Verlages)

ein Mensch, der den Urgrund schmecken durfte, das, was das Göttliche wahrhaft meint. Je nach Kultur, eigener Alchemie und dem jeweiligen Zeitgeschehen wurde das Offenbarte anschließend auf verschiedene Art und Weise ausgedrückt. Es ist wie helles Licht, das durch ein vielfarbig komponiertes Kirchenfenster scheint und dann rot oder grün oder blau leuchtet. Heute ist es tatsächlich so, dass wir Menschen die Möglichkeit haben, diese direkte Erfahrung, diese Religio, dieses Zurückgehen zu den Wurzeln ohne Vermittler zu erfahren. Das charakterisiert das 21. Jahrhundert. Das ist der nächste Schritt in der Evolution des Menschseins, hin zu einem gnostischen Menschen, wie das auch Sri Aurobindo ausgedrückt hat.

KAPITEL 9

BEWUSSTSEINSSTUFEN UND BEWUSSTSEINSZUSTÄNDE

Alle Menschen kennen die folgenden Bewusstseinszustände: Tiefschlaf, wo der Körper und der Verstand ruhig sind. Dann kennen wir die Träume. Da ist der Körper ruhig, aber der Geist ist aktiv. Und wir kennen unser Tagesbewusstsein. Durch alle diese verschiedenen Bewusstseinszustände hindurch zieht sich der reine Bewusstseinszustand, den wir auch kennen, denn selbst nach dem Tiefschlaf, wo die Welt und das Ich ganz verschwunden sind, wissen wir am Morgen, wenn wir aufwachen, dass wir gut geschlafen haben. Dieses Wissen vom „Gut-geschlafen-haben" ist ein Schimmer des reinen Bewusstseins. Wenn wir durch innere Einkehr, durch Aufmerksamkeit oder durch die Präsenz im Hier und Jetzt ganz gewahr, ganz wach sind – ganz in diesem Augenblick leben – dann ist das reines Bewusstsein.

Im Alltagsbewusstsein können wir verschiedene Bewusstseinsstufen erkennen. Wir haben sie bereits erwähnt: Die archaische, magische, mythologische, mentale und integrale Bewusstseinsstufe. Diese Stufen widerspiegeln ein ich-, wir-, ethno-, welt- und kosmozentrisches „Verstehen". Sie sind holarchisch angeordnet. Das heißt, dass jede Bewusstseinsstufe, jede erweiterte Bewusstseinsstufe, die vorhergehende beinhaltet, sie umfasst, transzendiert und in ihrem inneren Wert erhöht. In der inneren Erfahrung der Unio Mystica haben wir verschiedene Bewusstseinsdimensionen beschrieben. Die grobstoffliche, das All-Eins-Sein, das Sternenhimmel-Ich; dann die subtilere Form des Eins-Seins, wo der innere Geliebte und der Liebende eins sind. Die subtilste Dimension kann nicht mehr beschrieben werden, oft wird dies als Nada, Leere oder Urgrund benannt. Ken Wilber bezeichnet sie als die kausale Dimension, wo wir keine Worte mehr finden – Nichts-Alles. Wenn diese Erfahrung abgrundtief, radikal grundlegend ist, dann transzendiert sie die verschiedenen Bewusstseinsstufen, d.h. sie ist integral. Form ist Leere und Leere ist Form. Sie ist eins mit allen Strukturen und Zuständen zu diesem Zeitpunkt, die zugleich leer sind. Manchmal ist aber diese Ur-Erfahrung nicht so tiefgreifend, nicht so radikal, und wir interpretieren, suchen nach Worten, um diese Erfahrung einzuordnen. Geschieht dies im Kontext unserer bisherigen Bewusstseinsebene, so wird sie magisch, mythologisch oder mental interpretiert werden. Dies entspricht aber noch nicht dem integralen Bewusstsein. Wirkliche, grundlegende Wandlung – eine Transformation des

Herzens – die alle Anteile von uns transformiert und in diese integrale Bewusstseinsebene hineinnimmt, die holografisch mit allem Leben, das ist und existiert, verbunden ist, hat die Qualität, sich integral über ein Ich-zentriertes oder Wir-zentriertes, ethnozentriertes oder gar weltzentriertes Verständnis hinaus zu schwingen in dieses kosmisch-zentrierte DAS – was ist. Ist unsere Bewusstseinsveränderung prozesshaft, so geschieht die Erweiterung und Vertiefung der Bewusstseinsstufen meist schrittweise. Dabei entwickelt sich das Selbst- und Weltverständnis immer weitreichender, bis das ganze Universum darin enthalten ist. Traditionell sagen wir: Das Herz hat eine so große Kapazität, dass es das ganze Universum erfassen kann. Sri Aurobindo spricht davon, dass die Verwirklichung des integralen Bewusstseins – der gnostische Mensch – ein ungeheuer großer Bewusstseinsschritt ist.[11] Der Übergang vom Tierreich zum Menschsein, wie wir es heute kennen, war schon eine unglaubliche Entwicklung. Die Entwicklungsstufe von diesem Menschsein wird von Sri Aurobindo als „Übergangswesen" bezeichnet. Bis alle Anteile im Menschen – das Instinktive, das Vitale und das Mentale – auf natürliche Weise im Einklang schwingen; bis Erkenntnis, Wille und Handlung ein Einziges sind, braucht es vermutlich noch geraume Zeit, obwohl diese nicht wirklich existiert. Sri Aurobindo beschreibt das gnostische Individuum auf eine Art und Weise, die sehr inspirierend ist. Er sagt, der gnostische Mensch ist wie ein Kunstwerk. Das eigene Leben wird zu einem Kunstwerk. Das gnostische Wesen ist in dieser Welt und von dieser Welt

---

11 Vgl. Sri Aurobindo, Das Göttliche Leben

und transzendiert sie zugleich. Das ist eine hochinteressante Aussage, denn wir kennen die Aussage: In dieser Welt, aber nicht von dieser Welt. Sri Aurobindo sagt aber: In dieser Welt und von dieser Welt und sie zugleich transzendierend. Es ist, als wären in dieser Aussage Geist-Materie – in tiefster Erkenntnis – nicht mehr getrennt. Das kosmische Individuum hat seine Individualität erst dann vollendet, wenn wir das Universum in uns aufgenommen und zugleich transzendiert haben. Es ist ein vollkommenes Gleichgewicht der Beziehung zwischen dem individuellen, persönlichen, menschlichen, göttlichen und kosmischen Ganzen. Der Sinn dieses gnostischen Lebens ist die tiefe Freude an der Manifestation des Geistes, in der Wahrheit des Seienden. Es ist wie das Selbst-Licht aller Wirklichkeit des Seienden und Werdenden, das sich ergießt zur Freude seiner selbst. Leben ist so Selbstentdeckung seines Geistes. In jedem Endlichen fühlt es das Unendliche. Das gnostische Wesen hat eine spontane Haltung und eine natürliche Bewegung. Es ist ein unwillkürlicher Ausdruck des wahren Seins. Die Selbsterfüllung geschieht in jedem Schritt in Freiheit und Freude. Es ist Kommunion in jedem Augenblick. Liebender und Geliebte sind eins – in jedem Augenblick. Selbstversunken in der Tiefe des Unendlichen mit all seinen Höhen und mit den erleuchteten Abgründen seines Geheimnisses. Die anderen Menschen sind nicht einfach andere, sondern es sind Selbste im eigenen Selbst. Das gnostische Wesen. Hier und Jetzt. Langsam, allmählich sich entfaltend. Ein Eins-Sein mit dem Ganzen zur Freude seiner Selbst. Sein Geschmack ist Ananda.

PM: Das Faszinierende bei diesem Integralen Bewusstsein scheint mir zu sein, dass alte Identifizierungen wegfallen, die sich ja teilweise auch in äußeren Formen widerspiegeln, im Dritten Auge auf der Stirn bei bestimmten Hindus, in den Kopftüchern oder in bestimmten Symbolen. Diese Menschen suchen eine Art symbolischen Ausdruck, mit dem eine neue Identifizierung über das Äußere ermöglicht wird, um damit vielleicht eine innere Sicherheit zu finden. Wenn sie sich davon zu befreien vermögen, dann können sie zu ihrer eigenen inneren Wirklichkeit erwachen. Das ist vielleicht dieses neue Bewusstsein.

AK: Das ist ganz interessant, was du sagst. Weil „identifizieren" ja „identere" heißt, also „gleichmachen", und das kommt immer noch aus einem Mangelbewusstsein heraus, dass es eines Äußeren oder Inneren bedarf, um ganz zu sein. Wenn das wegfällt, fallen wir ganz auf uns SELBST zurück. Das ist Mensch-Sein – ein freies Da-Sein.

PM: Bei vielen Menschen löst das aber auch furchtbare Ängste aus.

AK: Bei vielen Menschen löst das Angst aus, das ist natürlich. Solange das Ich identifiziert ist mit etwas und sich davon loszulösen hat, entsteht Angst. Alles beginnt mit den Gedanken. Gedanken schaffen Vorstellungen, wenn sie immer wiederkehrend sind. Wiederkehrende Vorstellungen schaffen Überzeugungen, dabei formt sich Identifikation, ohne dass wir uns dessen bewusst sind. Es braucht dann oft sehr viel, um überhaupt zu bemerken, dass wir mit dieser Überzeugung identifiziert sind. Wenn eine Überzeugung loszulassen ist, reagiert die Ich-Struktur mit Angst. Überzeugungen schaffen im weiteren Ablauf Tatsachen, und insofern kreieren wir weitgehend unsere Welt selbst.

PM: Es scheint sogar, dass das, was du jetzt dieses Kreieren von der eigenen Welt nennst, für jemanden, der es auf der inneren Ebene sehen kann, wie ein eigenständiges Bewusstseins-Konglomerat wirkt. Manuela Oetinger nennt das in ihren Büchern teilweise „Aufbauten". Diese Gedankenformen, diese Elementale, entwickeln eine Art eigenes Mini-Bewusstsein, und in dem Augenblick, wo sie aufgelöst werden sollen, durch eine Erweiterung, reagieren sie geradezu mit Angst.

AK: Ja, so ist es.

PM: Man muss es nur bewusst erkennen und sich einmal deutlich machen, um damit arbeiten zu können.

AK: Ja, das ist die Grundvoraussetzung. Jetzt haben wir Menschen erstmals die Möglichkeit auszuloten, was reines Bewusstsein ist, das nicht denken meint. Das reine Bewusstsein ist wie ein Spiegel. Darin können wir die Spiegelbilder erkennen. Wir können erkennen, wie Spiegelbilder beschaffen sind, wie sie entstehen und zum Teil sogar neue Spiegelbilder erschaffen, da wir über Bewusstes-Sein erstmals eine Wahl haben. Wir haben damit die Möglichkeit, ein neues „Programm" zu gestalten, ähnlich einem Computerprogramm.

PM: Wenn man diese Dynamik in sich selbst nicht kennt, sind wir wie ein Don Quijote, der gegen Windmühlen kämpft, die wir selbst kreieren.

AK: Genau. Ein alter vedischer Spruch sagt daher: „Wir kreieren uns die Welt selbst."

PM: Der weise alte Parmenides – die alten Griechen haben manches Weise gesagt – brachte es auf den Punkt: „Dasselbe ist Denken und Sein." Das war nicht abstrakt philosophisch gemeint, sondern das war ontologisch, also das Sein des Menschen betreffend.

KAPITEL 10

DAS BEWUSSTSEIN EINER NEUEN ERDE

Auf der Suche nach dem, was wir wirklich sind, finden wir nichts. Um dies zu verstehen, ist in diesem Zusammenhang die Wissenschaft sehr hilfreich, die uns Hinweise gibt, dass das Welt- und Selbstbild, das wir bis anhin kannten, relativ ist und allenfalls in bestimmten Bereichen gilt. Über unsere Sinne und unsere Konditionierungen nehmen wir uns als Ich und davon getrennt die ganze Welt da draußen wahr. Diese Wahrnehmung entspricht auch dem Newtonschen Weltbild, worin unser Sonnensystem einem Uhrwerk gleicht. Zeit und Raum sind dabei konstante Größen, und dieses Uhrwerk wird angetrieben durch irgendeine kosmische Feder, die der Mensch nicht kennt. Geht ein Rädchen kaputt, kann man es wieder reparieren. Dieses feste Weltbild wird immer mehr hinterfragt. Es ist so, als wenn ich meine Hand anschaue und sie mit den Augen wahrnehme, dann sehe ich eine Form. Wenn ich aber tiefer blicke – und das entspricht durchaus dem, was ich in der

Meditations-Praxis erfahre – was die Hand wirklich ist, so ist da z.B. die Haut, die sich aus Zellen, Molekülen, letztlich aus Atomen zusammensetzt. Aber das ist nicht das Ende. Nehme ich auch dieses Teil auseinander, so finden sich Quirks und Quarks. Die Quantenphysiker gingen noch tiefer in ihrer Fragestellung, in ihrer Analyse. Letztendlich kommen sie zum vorläufigen Schluss, dass Materie nicht ein Ding ist. Es ist nicht wirklich sicher, was es ist, ob ein Teilchen oder Schwingung. Der Beobachter spielt dabei eine Rolle. Zeit und Raum sind keineswegs fixe Größen. Das ergibt ein komplett neues Weltbild. Das alte Weltbild definierte Wirklichkeit als Realität – raumfüllend, undurchdringlich, unvergänglich und beweglich. Die räumliche Anordnung von Stoff war in der Zeit veränderlich und folgte strengen Gesetzen. Das ist das klassische materialistisch-mechanistische Weltbild. Das quantenphysikalisch-holistische Weltbild stellt die Wirklichkeit als Potenzialität dar: Verbundenheit, Beziehung, Kreativität sind das Primäre; Stoff, Materie und Energie das Sekundäre.[12] Ein immaterielles Fundament, eine ganzheitliche Struktur und eine offene Zukunft bestimmen diese Weltsicht. In der Quantenphysik ist die Welt ein vernetztes Feld von Intelligenz, das sich in der unendlichen Vielfalt des Universums manifestiert. Objekte sind Brennpunkte oder konzentrierte Intelligenz innerhalb eines Feldes von unbegrenzter Intelligenz. Betrachten wir den Körper mit den Augen eines Physikers, so ist er vor allem leer – 99.999 % leer und 0.001 % Materie. Untersuchte man diese Materie

---

12   Vgl. Hans-Peter Dürr, Wir erleben mehr, als wir begreifen

weiter, ist sie wieder zu 99.999 % leer – und so weiter. Was sind wir also wirklich? Mit den Augen des Physikers sind wir eine riesige Leere, in welcher einige wenige Punkte verstreut sind und in der unregelmäßige und zufällige elektrische Entladungen stattfinden. Körper, Bewusstseinsfeld, Information und Energie, diese Begriffe erfordern ein ganz neues Verständnis. Ein ganz anderes Welt- und Selbstbild geht damit einher. Bewusstseinsmäßig ist dieser Übergang vom mentalen, linearen Denken zu einem integralen Bewusstsein ein riesiger Sprung. Dazu gibt es eine interessante Geschichte.

Das Gespräch der ungeborenen Zwillinge

Ein ungeborenes Zwillingspärchen unterhält sich im Bauch der Mutter.

„Sag' mal, glaubst Du eigentlich an ein Leben nach der Geburt?", fragt der eine Zwilling.

„Ja, auf jeden Fall! Hier drinnen wachsen wir und werden vorbereitet für das, was draußen kommen wird", antwortet der andere Zwilling.

„Ich glaube, das ist Blödsinn!", sagt der erste. „Es kann kein Leben nach der Geburt geben – wie sollte das denn bitteschön aussehen?"

„So ganz genau weiß ich das auch nicht, aber es wird sicher viel heller als hier sein. Und vielleicht werden wir herumlaufen und mit dem Mund essen?"

„So einen Unsinn habe ich ja noch nie gehört! Mit dem Mund

essen, was für eine verrückte Idee. Es gibt doch die Nabelschnur, die uns ernährt. Und wie willst du herumlaufen? Dafür ist die Nabelschnur viel zu kurz."

„Doch, es geht bestimmt. Es wird eben alles nur ein bisschen anders."

„Du spinnst! Es ist noch nie einer zurückgekommen nach der Geburt. Mit der Geburt ist das Leben zu Ende, Punktum."

„Ich gebe ja zu, dass keiner weiß, wie das Leben nach der Geburt aussehen wird, aber ich weiß, dass wir dann unsere Mutter sehen werden, und sie wird für uns sorgen."

„Mutter???? Du glaubst doch wohl nicht an eine Mutter? Wo ist sie denn bitte?"

„Na hier – überall um uns herum. Wir sind und leben in ihr und durch sie. Ohne sie könnten wir gar nicht sein!"

„Quatsch! Von einer Mutter habe ich noch nie etwas bemerkt, also gibt es sie auch nicht."

„Doch, manchmal, wenn wir ganz still sind, kannst du sie singen hören. Oder spüren, wenn sie unsere Welt streichelt."

(HENRI J. M. NOUWEN)

Diese Geschichte beschreibt den Sprung – oder, anders ausgedrückt, die bewusstseinserweiternde Veränderung – von einem Raupen-Dasein hin zu einem Schmetterling. Dieser Sprung ist so gewaltig, dass all das, was uns bis dahin vertraut war, transzendiert wird und sich damit ganz neue Möglichkeiten ergeben. Wir können sie nicht er-denken. Etwas abstrakter in Worte gefasst, weist eine bekannte Zen-Geschichte auf denselben Bewusstseins-Sprung:

„Der Meister stellt eine Frage in den Raum, die nicht auf rationale Weise beantwortet werden kann. Ein klassisches Beispiel ist die Zen-Geschichte vom „Ton einer Hand". Der Meister sagt zu seinem Schüler: „Du kannst den Ton zweier Hände hören, wenn sie zusammenklatschen – nun zeige mir den Ton einer Hand." Der Schüler zieht sich zurück, meditiert und meditiert. Jeden Tag sucht er den Meister mit einer Antwort auf, die dieser immer wieder als falsch ablehnt. Schließlich fällt der Schüler in eine so tiefe Meditation, dass er zum Ursprung der Töne gelangt: dem tonlosen Ton."

Auch Sri Aurobindo weist in seiner Beschreibung des gnostischen Wesens darauf hin, dass wir uns davon nur abstrakte Umrisse durch die Begrenzungen des mentalen Denkens zeichnen können. Nur das Supramental könnte ein lebendiges Bild vom gnostischen Wesen geben. Ansätze dazu nehmen wir schon im persönlichen Bereich wahr, wo wir allmählich diese verschiedenen Daseins-Ebenen integrieren. Aber das reicht noch nicht. In der Partnerschaft oder in der Familie entsteht eine neue Grundlage. Wenn eine Begegnung von Mensch zu Mensch, z.B. in der Partnerschaft, nicht mehr auf dem Prinzip eines Mangels basiert, sondern in einem Ganz-Sein wurzelt, d.h. ein Ganz-Sein begegnet einem anderen Ganz-Sein, so gibt es eine ganz andere Dynamik. C.G. Jung hat ein Modell über die vier Stufen der Liebe entwickelt. Die erste Stufe ist die archaische, wo wir uns verlieben und einfach alles in diesem rosaroten Glanz erblicken. Es dauert manchmal Wochen, manchmal Tage, manchmal Monate, wer weiß. Aber dann geschieht plötzlich etwas – und das eröffnet die zweite Stufe der Liebe – wo wir irritiert sind. Zum Beispiel ist es eine Bewegung, ein Tonfall oder das seltsam laute Rascheln der Zeitung, das uns aufhorchen lässt. Diese Irritation löst das Bewusstwerden der Projektion aus, die wir auf den anderen Menschen gerichtet haben. Die zweite Stufe bedeutet also, dass wir die Projektion zurücknehmen und erkennen, was wir in den anderen projiziert haben – eine Qualität oder mehrere, die wir in uns selbst letztendlich zu entwickeln haben. Die dritte Stufe bedeutet, dass jedes Paar eine Optimierung an Nähe und Distanz findet. Es ist unbedingt notwendig, dass jeder seine Entwicklung machen kann und sich so eine Nähe-Distanz ergibt, die beiden Menschen die Entwicklung ihres eigenen Wesens gestattet. Es gibt Paare, der eine lebt in Bern, der andere in New York, die sehen sich zweimal im Jahr, telefonieren täglich – und das genügt. Dann wieder gibt es Menschen, die sind sehr symbiotisch in ihrer Beziehung. Alles ist heute möglich. Die vierte Stufe ist die bedingungslose Liebe. Das ist die Liebe des neuen Bewusstseins oder dieses universellen Bewusstseins, wo wir alle Menschen und Wesen lieben und vielleicht einfach mit unserem Partner oder unserer Partnerin eine intensivere Art der Liebe leben als vielleicht mit anderen Menschen. Aber die Liebe ist wie die Sonne, sie scheint auf alle Wesen. Sie ist.

Wie könnten die Wirtschaft und Politik Gestalt annehmen;
wie könnten ein Bildungssystem, Kindererziehung oder Schulen
aussehen, die aus dem All-Einen-Bewusstsein geformt werden?
Wenn ein Kind geboren wird, so kann diesem neugeborenen
Kind von Anfang an vermittelt werden, dass es zwar als Individuum heranwächst, aber dass es mit allen Wesen etwas gemeinsam
hat, was untrennbar ist – nämlich das Leben. Auf der Ebene
des LEBENS gibt es keine Trennung, nur auf der individuellen
Ebene. Das wird große psychologische Auswirkungen im Her-
anwachsen eines neugeborenen Menschen haben. Wir haben ja
heute schon besondere Kinder, die ganz besondere Eigenschaften
in sich entfaltet haben.

Es gibt für mich drei Bereiche, wo die Liebe – die Weisheit,
die wir innerlich zur Verfügung haben und die sich nach außen
manifestieren möchte – zum Ausdruck kommen kann. Der
Mikrobereich, das ist mein persönliches Leben. Der mittlere
Bereich, das ist meine Familie, meine Partnerschaft, aber auch
mein Arbeitsplatz, und weiter das politische, wirtschaftliche,
kulturelle Umfeld. Dann gibt es noch den Makrobereich, wo
wir unsere Welt als Eine Welt, als eine globale Gesellschaft des
Herzens zu betrachten haben. In allen Bereichen bedarf es neuer
Ansätze, die Bildung einer Welt-Gesellschaft der Erwachten oder
der Erwachenden. Eine Kultur von erwachenden Menschen, die
langsam eine Lebensweise in allen Bereichen entwickeln und
formen, die zum Wohle von allen Wesen sind. Jeder erwachte
Mensch steht in dieser freiwillig angenommenen Verantwor-

tung. Im Auge zu behalten sind immer, aus einer holistischen Betrachtungsweise, die vier Quadranten, von denen Ken Wilber gesprochen hat: Das Ich, das Wir, das ES und das Sie. Jedes Wort, jede Handlung hat auf alle vier Quadranten seine Auswirkung. Zur Zeit sind vor allem im Wir neue Ansätze auszuprobieren und zu erforschen, in einem intersubjektiven Begegnungsraum, wo Menschen im All-Eins-Sein, verankert im authentischen Selbst, gemeinsam und doch autonom, sich durch Kooperation und Vereinigung wie in ein größeres Ganzes einschwingen. So kann vielleicht auch kollektive Weisheit entstehen und wirksam werden. Ich denke, dass wir mit diesem erweiterten Bewusstsein allmählich verstehen, dass wir selbst eine Art Zelle in einem kosmischen Leib sind. Wir sind immer noch ein Individuum, aber die evolutive Entwicklung führt uns immer mehr in Richtung auf ein Menschsein, wo wir in einem gemeinsamen Zusammenspiel, dem ES in uns folgend – beitragen zur Harmonie einer höheren Ordnung. Das sind sehr weitreichende Zukunftsgedanken, die im Jetzt ihren Anfang nehmen. Das Bewusstsein einer neuen Erde beginnt mit dem Einzelnen. Mit unserem Bewusstsein. Mit dem bewussten Sein jedes einzelnen Menschen. Wie sich dies genau vollzieht, weiß ich nicht. Was ich heute feststellen kann, ist, dass sich viele Menschen mit diesen Fragen beschäftigen, sehr kreativ sind und neue Ansätze entwickeln. Es wird nicht eine lineare, denkbare Entwicklung sein. Kosmische Intelligenz wirkt multidimensional. Mehr und mehr werden diese verschiedenen Aspekte vernetzt; sie korrelieren allmählich und lassen ein Ganzes erkennen.

PM: Als du von der Liebe, die wie die Sonne ist, sprachst, kam mir in den Sinn, dass Liebe ja eines der wenigen Dinge ist, was wir nicht „wollen" können. Du kannst alles Mögliche. Du kannst hassen, du kannst schreiben, du kannst denken, du kannst Fussball spielen, du kannst einkaufen, das kannst du alles „wollen". Aber lieben kannst du nicht „wollen", das ist ein Geschenk, das ereignet sich, und man kann im Grunde nur offen dafür sein. Wenn man nicht offen dafür ist, dann zieht das Geschenk vielleicht an einem vorüber.

AK: Ja, das ist so, denn Liebe ist non-dual, sie ist. Die Liebe steht im Zusammenhang mit Sat-Chit-Ananda, was unserer essenziellen Ebene zugeordnet werden kann. Ananda ist Glückseligkeit; und Glückseligkeit ist nichts anderes als der Nektar der Liebe. Wir Menschen sind aus den Bausteinen, wenn man überhaupt so sprechen kann, von Leben, von reinem Bewusstsein und Ananda „zusammengesetzt". Wir schwingen essenziell in diesem Feld. Wenn die Wolken vom Himmel entfernt sind, wenn sich der Vorhang gelüftet hat, der Verstand still ist, dann ist einfach Liebe da. Diese Liebe will sich – nachdem sie innerlich erfahren und integriert wurde – aus sich selbst heraus grundlos ergießen. Wir Menschen werden auf diese Weise wie ein kleines Sonnensystem. Wir sind Sonne, die einfach strahlt. Nicht weil sie etwas „muss" oder „will", sondern weil die Liebe sich aus sich selbst heraus manifestieren will.

KAPITEL 11

IM KREIS DER LIEBE

Dieses Kapitel möchte ich mit einem Zitat von Rumi[13] beginnen: „Gehe aus dem Kreis der Zeit hinein in den Kreis der Liebe." Dies entspricht der Transformation des Herzens. Meistens beginnt dieser Prozess durch einen innerlich wahrgenommenen Ruf.

> Ich rufe dich von weither,
> rufe dich seit dem Anfang aller Zeiten,
> rufe dich durch Jahrtausende,
> seit Äonen von Jahren –
> rufe und rufe … seit jeher …
> Sie ist Teil deines Wesens, meine Stimme,
> doch leise nur dringt sie zu dir, und nur manchmal vernimmst du sie.
> „Ich weiß nicht", sagst du vielleicht.

---

13 Vgl. Llewellyn Vaughan-Lee, Die Karawane der Derwische

Aber irgendwo weißt du.

„Ich höre es nicht", sagst du, „Was ist es, und wo?"

Doch irgendwo hörst du, und tief in deinem Innern weißt du.

Denn ich bin, was schon immer in dir war.

Was nie enden wird in dir, bin ich.

Magst du auch sagen: „Wer ruft?"

Magst du auch denken: „Wer ist es?"

Wohin willst du laufen? Sag mir?

Kannst du vor dir selbst weglaufen?

Denn ich bin das Einzige für dich;

Nichts Anderes gibt es;

Dein Versprechen, Deine Belohnung bin ich allein –

Deine Sehnsucht

und Dein Ziel.

(TRADITIONELL)

Ja, dieser Ruf. Dieser Ruf, der schon immer da war und immer ist. Er ruft den Menschen, der vergessen hat, was er in Wirklichkeit ist. Eines Tages hören wir diesen Ruf, und der Weg der Liebe beginnt.

Die Sehnsucht, die wir dabei spüren, wenn wir den Ruf gehört haben, ist die Sehnsucht nach dem Ganz-Sein. Diese Sehnsucht beginnt tief in uns zu glühen. Sie führt uns in das Selbst.

Mit den Bergen, mit den Steinen
will ich Dich rufen.
Mit den Vögeln im Morgendämmern,
will ich Dich rufen.
Mit den Fischen in der See
Mit den Gazellen in der Wüste Meer
Mit des Mystikers Ruf: „O Du"
will ich Dich rufen.

(YŪNUS EMRE)

Wir müssen die Sehnsucht erkennen, als das, was sie im Tiefsten meint; denn diese Sehnsucht kennen wir schon länger. Nur denken wir vielleicht, dass über äußere Dinge diese Sehnsucht erfüllt werden kann. Doch eines Tages entdecken wir, dass diese Sehnsucht, die uns an unser Ganzsein erinnern will, nur in uns selbst erfüllbar ist. Dann beginnt dieses innere Sich-Öffnen, wo alles in uns auf dieses Eine ausgerichtet wird. Wo wir in allem, in den Bergen und den Steinen, im Ruf der Tiere, im Zwitschern der Vögel in der Morgendämmerung, bei der Begegnung mit einem Fuchs oder mit einer Dohle, SEINEN Ruf hören. Den innersten Ruf in uns nach DEM. Hören wir diesen Ruf, folgen wir unserer Sehnsucht, dann beginnt der Prozess der inneren Reinigung. Der Spiegel des Herzens wird gereinigt. Wir beginnen damit, ganz die Verantwortung für unser Leben und unsere Lebensumstände zu übernehmen.

Durch Göttliches Licht wird das Herz poliert,
so dass es glänzt wie ein geschliffener Spiegel.
Ist es dann zum Spiegel geworden,
kann man darin das Königreich Gottes
und alles, was existiert, widergespiegelt sehen,
so, wie es wirklich ist.

(AL-HAKÎM AT-TIRMIDHÎ)

Wir bringen eigene Konditionierungen in dieses Leben mit; und es entstehen weitere Prägungen durch familiäre und gesellschaftliche Strukturen, die sich wie Staub über den Spiegel legen. Wir polieren den Spiegel durch innere Einkehr, Einsicht oder Traumarbeit, aber auch durch die Geschehnisse im Äußeren, die nichts anderes sind als Hinweise. Auch Probleme, die auf uns zukommen, sind Gelegenheiten zu wachsen. Ist der Spiegel des Herzens poliert, erkennen wir, was wirklich ist.

Eines Tages, manchmal wie aus heiterem Himmel, manchmal wie ein Donnerschlag und manchmal unendlich fein, wie das Berührt-werden von dem Flügel eines Schmetterlings, verstehen wir, dass wir selbst Liebe sind und unendlich geliebt werden. Es ist immer ein Akt der Gnade. Im Koran heißt es: „Er liebt sie und sie lieben ihn." In der Bibel heißt es: „Sie lieben ihn und er liebt sie." Das ist der Liebesbund. Dies innerlich zu erfahren, ist Frei-Sein jenseits jeglicher Religion.

In diesem Liebesbund verstehen wir, dass sich auch der Geliebte nach dem Liebenden sehnt – nicht nur der Liebende nach dem Geliebten. Rumi sagt:

"Nicht ein einziger Liebender suchte die Vereinigung, wenn der Geliebte sie nicht suchen würde."

Loten wir diese Liebe in uns aus, verstehen wir den Ausspruch von Rumi:

"Ich bin dir näher als du dir selbst."

Es ist so eine intime, unendliche Zärtlichkeit. Ein dynamisches Miteinander zugleich – ineinander transzendierend und doch immanent in allem. Eine Nähe, die uns erfüllt, und jeder Mangel schmilzt dahin.

Wenn wir zuerst diese Liebe kosten, dann erleben wir oft eine bestimmte Art von Verwirrtsein. Attâr beschreibt dies wie folgt:

"Ich weiß nichts, ich verstehe nichts, ich bin mir meiner selbst nicht gewahr. Ich bin verliebt, doch in wen, weiß ich nicht. Mein Herz ist erfüllt und leer von Liebe zugleich."

Eine der ersten Aussagen, die ich von Irina Tweedie gehört habe, als ich bei ihr war, war die folgende: „Ich bin immer verliebt, aber ich weiß nicht in was." Ich war damals oft verliebt – es waren Menschen. Und ich genoss dieses Verliebtsein mit anderen Menschen. Nur war diese Liebe lokalisiert, und die Menschen kamen und gingen. Aber immer verliebt zu sein und nicht zu wissen in was, das empfand ich als etwas Großartiges. Uns wurde erklärt, dass zunächst auf einem inneren Weg ein Baum ein Baum ist. Doch dann tritt eine neue Phase ein, wo der Baum nicht mehr ein Baum ist, wo wir durch die inneren alchemistischen Prozesse der Separatio und Conjunctio oppositorum gehen. Aber in der dritten Phase ist ein Baum wieder ein Baum. Etwas hat sich aber dabei grundlegend verändert. Frau Tweedie sagte uns, dass alles viel farbiger, viel leuchtender ist. Da ist der Baum. Das Glitzern der Tannennadeln im Sonnenlicht. Aber da ist noch etwas Tieferes, das einfach glänzt in einer Brillanz jenseits von Worten. Der Baum ist der Baum. Die Verwirrung in dieser Liebe kommt daher, dass sich das altvertraute Denken, die gewohnten Muster, gleichsam durch die Liebe auflösen – und das verwirrt den Menschen zunächst. Man weiß nicht mehr, was oben und unten ist, wo links und rechts ist. Die Liebe hat eine so ungeheure Dynamik. Sie sprengt alle Fesseln, alles an Vorstellungen, Idealisierungen und Konzepten. Es ist wie ein freier Fall in dieses Nichts-Alles. Liebe und Leere. Erfüllt und leer von Liebe zugleich.

Wie sehr verlangt mich,

dich zu küssen,

und dies Küssen kostet dein Leben.

(Rumi)

Die innere Liebesgeschichte ist eine leidenschaftliche Angelegenheit. Von der Liebe erfasst zu werden, hat sogar eine Komponente, die den ganzen Körper mit einbezieht. Jede Ebene unseres Daseins wird sozusagen hineingenommen oder hineingeboren in dieses Neue, das pure Liebe ist. Darin schwingt selbst eine erotische Komponente. Es ist ein Aufgehen in der Liebe. Der Preis dafür ist die komplette Hingabe des kleinen Ichs, um aufzugehen in diesem Großen Einen. Die Sehnsucht führt uns zu diesem einen Kuss.

Ist die Erfahrung der Liebe integriert, stehen wir nicht mehr auf der Bergspitze, wir sind ins Tal hinabgestiegen. Ob oben stehend oder unten wandernd – alles ist DAS. Mîr besingt es so:

„Rose und Spiegel und Sonne und Mond – wo sind sie?
Wohin wir auch schauten, fand sich Dein Antlitz nur."

„Die Existenz des Bettlers ist Seine Existenz,

und die Existenz des Kranken ist Seine Existenz.

Wenn man dies nun anerkennt, so wird erkannt,

dass diese Existenz Seine Existenz ist,

und die Existenz alles Erschaffenen Seine Existenz ist,

und wenn das Geheimnis des Atoms der Atome sich offenbart,

offenbart sich das Geheimnis alles Erschaffenen,

sowohl innen als auch außen,

und du siehst in dieser Welt und in der nächsten

nichts als DAS."

(Ibn Arabî)

Innen und außen. Außen und Innen. Kein Unterschied. Nicht-Zwei. Alles, was ist, ist. Jedes Atom. Jedes Lichtpünktlein. Jeder Stern am Himmel. Jedes Augenpaar. Jeder Schrei des Adlers – nur DAS. In der Existenz, dem Leben selbst, erfahren wir nichts als DAS. Jede Existenz ist unendlich kostbar und gleichzeitig leer.

„Ich bin, was existiert und was nicht existiert:

Ich bin, was ist, und ich bin, was nicht ist:

Das, was zu nichts wird, und das, was verbleibt.

Ich bin das, was man erfährt, und das, was man sich vorstellt:

Ich bin Schlange und Beschwörer.

Ich bin, was ungebunden und was gebunden ist:
In bin der Trunkene, und derjenige, der den Trank reicht.
Ich bin der Schatz, und Ich bin die Armut:
Ich bin Meine Schöpfung, und Ich bin der Schöpfer."

(JÎLÎ)

Auf dem Weg der Liebe erfahren wir diese innere-äußere Vereinigung auf immer tiefere Weise.

Ich bin Er, den ich liebe, und Er, den ich liebe, ist ich.
Zwei sind wir – in einem Körper nur.
Und siehst du mich, so siehst du Ihn.
Und siehst du Ihn, so siehst du uns beide.

(AL-HALLÂJ)

Diese Vereinigung wächst, vertieft, weitet sich aus, bis nichts mehr außerhalb ist. Ist das Eine in uns erfahren und integriert, gibt es keine Dualität mehr. Die Pole schwingen zwar weiterhin durch Tag und Nacht, oben und unten, doch sie sind wie Wellenkamm und Wellental. Wir wissen aber mit Gewissheit, dass wir bewegter Ozean sind. Dieser Kontext vermag eine Lebensweise zu bilden, um alle Haltungen, auch die widersprüchlich scheinenden, so in sich zu umschließen, dass sie sich gegenseitig unterstützen. Dies gilt für unser zwischenmenschliches Leben, Organisationen, Nationen und die Welt als Ganzes.[14]

---

14 Vgl. Ron Smothermon, Drehbuch für Meisterschaft im Leben

„In Gott gibt es keine Dualität. In dieser Gegenwart existieren „Ich" und „Wir" und „Du" nicht. „Ich" und „Du" und „Wir" und „Er" werden eins... Denn in der Einheit gibt es keine Unterscheidung, die Suche und der Weg und der Suchende sind eins."

(SHABISTARÎ)

Der Weg der Liebe. Wo beginnt er? Wo endet er?

„Für einen Menschen gibt es nichts Besseres, als ohne irgendetwas zu sein – ohne Askese, ohne Theorie, ohne Praxis. Wenn er ohne alles ist, ist er mit allem."

(BÂYEZÎD BISTÂMÎ)

Und hier endet der Weg der Liebe. Gab es je einen Weg? Oder beginnt gerade erst der Weg der Liebe? Wir sind und waren immer im Kreis der Liebe. Jetzt – genau so!

Wir sagen, die Liebe ist die größte Dynamik im ganzen Universum. Wir verstehen, dass aus dem Urgrund, den wir vielleicht als Nichts, als Tao oder als das Unbenennbare bezeichnen können, das aus diesem Urgrund als Erstes ein Duft der Liebe aufleuchtet. Die Liebe finden wir auch in allen großen Weltreligionen. Buddha entfaltete den Weg vom Leiden in die Befreiung hin zu Mitgefühl und Weisheit. Mitgefühl ist ein Aspekt der Liebe. In der Bibel heißt es: „Liebe deinen Nächsten wie dich selbst."

112

Eigentlich brauchen wir nicht mehr zu wissen, nur dies zu leben: Liebe deinen Nächsten wie dich selbst. Im islamischen Kontext sprechen wir vom Liebesbund. Islam – heißt Hingabe. Jenseits von Raum und Zeit – ist Liebe. Sie klingt. Lautlos singt sie aus dem Urgrund absoluter Stille. Liebe verbindet. Jeder Mensch versteht die Sprache der Liebe. Es ist die Sprache des Herzens. Nicht nur die Menschen verstehen diese Sprache, sondern auch die Tiere und die Pflanzen. Alle Wesen verstehen sie. Die Liebe enthält in sich die Dimension universeller Mystik und zeigt in Richtung integraler Spiritualität. Aber sie ist jenseits davon. Liebe liebt – einfach so. Gerade jetzt – genau so.

KAPITEL 12

STILLE – URGRUND

Für mich wird immer deutlicher, dass wir Menschen heute unmittelbaren Zugang zum Sein – Jetzt haben. Im tiefsten Verständnis bedarf es keines Weges mehr. Die Menschheit ist reif, jetzt – jenseits aller Pfade – Bewusstes Sein zu „erfahren". Die Werkzeuge sind da. Wir müssen sie nur einsetzen. Werkzeuge, die uns in jedem Augenblick ins Jetzt katapultieren. Darin erfahren wir das Aufgehoben-Sein, die Stille, schmecken den Duft der Liebe im Verbunden-Sein, im Ganz-Sein.

Stille.
Nichts – einfach nichts – gerade so.

Niemand geht nirgendwo hin.

Nichts – nicht, die Vorstellung von nichts.
Keinen Namen, keine Eigenschaften, jenseits
des Nennbaren. Hältst du dies aus?

Ich und Du – ein kosmischer Witz, und
dennoch, dennoch …
Die Welle ist das Meer.

Jetzt – dieser Augenblick, wo ist er?
Nicht greifbar, weder mit Hand noch Verstand.

Nur DAS.

Alles auf eine Karte gesetzt für nichts –
Welch ein Preis! Frei-Sein.

Nur DAS.
Jetzt.

Waches Da-Sein.
Alles zeigt in den Urgrund.
Schmerz, Trauer, Freude – der Himmel,
der Krug und das Bellen des Hundes
unmittelbar – direkt – wahrhaftig.
Waches Da-Sein.
Der Wahrheit verpflichtet.
Genau so!

Stille.
Die Stille hinter der Stille …
Der Klang, der kommt und geht.
Stille.

KAPITEL 13

DER KOSMISCHE TANZ

„Wie im Spiel hast du dich verborgen vor mir,
den ganzen Tag lang suchte ich
und entdeckte dann,
ich war du.
Und es begann das Feiern
von DEM."

(LALLAJI)[15]

Wenn wir auf der Suche sind, dann ist das Göttliche das Verborgene, und wir suchen danach. Und suchen. Doch letztendlich entdecken wir, dass das Ich schon immer Du war. Du und Ich-Nicht-Zwei. Damit beginnt der kosmische Tanz. Dieser vollzieht sich immer im Jetzt. Jegliches Suchen endet in der Präsenz des Augenblicks. Wir haben unmittelbaren Zugang dazu: Jetzt.

---

15   Vgl. Lallaji, The naked Song

Wenn du dich selbst
und jemanden anderen
als ein Wesen siehst,
wenn du den freudigsten Tag
und die schrecklichste Nacht
als denselben Moment erkennst, dann
ist das Bewusstsein All-Eins.

(LALLAJI)

Wie wunderbar ausgedrückt: Wenn du dich selbst und jemand anderen, wer immer das ist, wem immer du im Leben begegnest, als ein Wesen erkennst; wenn du den freudigsten Tag und die dunkelste Nacht, die schrecklichste Nacht, das schrecklichste Ereignis, als denselben Moment erkennst, dann haben wir die Polarität überwunden – und das Leben tanzt. Genau so. Jetzt. Es ist eine Kunst, alles anzunehmen, nicht nur das Freudige, das fällt uns leicht, wenngleich nicht allen Menschen. Manche Menschen haben Mühe, wenn ihnen Gutes geschieht. Sie können Geschenke des Lebens, großzügige Geschenke des Lebens, nicht so einfach annehmen. Die meisten Menschen erleben das Dunkle, das Schreckliche, als etwas, mit dem sie nicht Freund sein können. Wenn wir aber dem Abgründigen, wenn wir selbst dem Dunkelsten das Licht der Liebe schenken können, dann überwinden wir die Trennung. Das heißt nicht, alles klaglos zu akzeptieren oder einfach zu allem „Ja" zu sagen. Es geht nicht um Fatalismus. Wenn etwas auf uns zukommt, das uns nicht

gut tut, dann haben wir drei Möglichkeiten.[16] Die erste ist, dass
wir die ungute Situation verlassen. Die zweite Möglichkeit ist,
dass wir diese unerwünschte Situation verändern, beispielsweise
wenn wir in einen Raum eintreten, in dem streitende Menschen
sind. Vielleicht kann ein gutes Wort den Streit oder den Konflikt
lösen. Wenn eins und zwei nicht geht, dann ist das Dritte ein
Akt der Hingabe. Manchmal ist es so, dass gerade in diesem
Akt der Hingabe eine wesentliche Erkenntnis möglich ist. Es
kann ein Tor ins Licht sein.

> Am Ende einer verrückten Vollmondnacht
> erhob sich die Liebe Gottes.
> Ich sagte: „Ich bin es, Lalla."
> Der Geliebte erwachte. Wir wurden Das,
> und kristallklar ist der See.
>
> (LALLAJI)

Ja. Kristallklar ist der See. Daraus entspringt eine Weisheit,
die jeder Mensch in seinem Herzen trägt, in seinem Innersten.
Dies ist ein „Wissen" aus der Tiefe, das nicht aus dem Verstand
oder aus Erinnerungen stammt. Weisheit zeigt sich spontan und
natürlich frisch. Sie vermag ein verantwortungsvolles Handeln
auszulösen, welches das Ganze im Auge hat. Weisheit trägt
immer zum Wohle aller bei. Wir sehen kristallklar, jenseits von
Gedanken, Sorgen, Ängsten oder Begierden und Erwartungen.

---

16   Vgl. Eckhart Tolle, Die Kraft der Gegenwart

Sie verursachen die Wellen – ein verzerrtes Bild der Realität entsteht. Ist unser Geist still, ist der See kristallklar. Wir sehen kristallklar, was ist.

> Sterben und Gebären geht vor sich
> im Inneren des einen Bewusstseins,
> doch die meisten Leute missverstehen
> das reine Spiel der schöpfenden Energie:
> wie in ihm dies alles
> ein einziges Ereignis ist.
>
> (LALLAJI)

Menschen kommen und gehen. Blätter wachsen im Frühling, fallen wieder ab im Herbst. Ein ewiges Kommen und Gehen. Formen entstehen und kehren zurück in den Urgrund. Wenn wir den Blick in das All werfen, wenn wir das Universum betrachten, unser gesamtes Sonnensystem darin als ein kleiner Lichtfunke enthalten, fast verloren im großen Ganzen des Alls – dann verstehen wir, wie unbedeutend diese Erde ist und gleichzeitig wie unendlich kostbar. Alle Form entsteht und vergeht. Wir, als einzelner Mensch, sind kein einziges Ereignis – nein. Alles Geschehen ist ein einziges Ereignis, das letztendlich aus dieser Perspektive völlig unpersönlich ist. Die Evolution – ein einziger Pinselstrich – wie wunderbar!

In diesem Zustand gibt es keinen Shiva, keinen Brahma
und keine heilige Vereinigung.
Nur Irgendetwas,
traumgleich sich bewegend auf einem
entschwindenden Weg.

(LALLAJI)

Was wissen wir? Weder Erleuchtung noch nicht-Erleuchtung.
Ein „schwebender" Zustand und doch mit beiden Füßen auf
der Erde stehend. Tiefes Schweigen. Ein Staunen in jedem
Augenblick.

Alles ist nun neu für mich,
mein Geist ist neu, der Mond, die Sonne.
Die ganze Welt wie ausgewaschen,
gereinigt im Regen des Ich bin Das.
Lalla springt und tanzt in dieser Energie,
die das Universum schöpft und trägt.

(LALLAJI)

Wenn unsere persönliche Geschichte langsam verblasst, wenn
unsere unbewussten Seiten, die uns den Himmel mit Wolken
bedecken, wenn das Unterbewusstsein, Tagesbewusstsein und
Überbewusstsein frei schwingen können, dann haben wir eine
unglaubliche Lebensenergie zur Verfügung. Man sagt, dass ein
Mensch, der sich selbst nicht kennt, sechzig bis siebzig Prozent
der Lebensenergie benötigt, nur um die abgespaltenen Teile oder

diejenigen, für die er nicht ganz die Verantwortung übernimmt, unter Schloss und Riegel zu halten. Werden diese erlöst, steht uns eine gewaltige Lebensenergie zur Verfügung. Es ist eine Energie, die das Universum schöpft und trägt, und wir tanzen darin auf unsere einzigartige Weise. Alles ist so neu: Die Partnerschaft, der zu erntende Salat, der Mond, jedes Telefongespräch... Alles ist neu in jedem Moment.

> Sieh, wie er leuchtet, dieser Tag.
> Welches Gewand könnte denn so schön sein,
> welches heiliger?
>
> (LALLAJI)

Alles ist heilig. Nichts ist heilig. Dieser Tag ist ein leuchtender Tag. Jeder Tag ist ein leuchtender Tag. Dieser Tag ist ein guter Tag, um zu sterben oder um zu leben. Jetzt. Genau so. Wer kostet, der weiß.

> Es ist Gott, der gähnt und schnäuzt
> und hustet und gerade jetzt lacht.
> Schau, es ist Gott, der Waschungen vollzieht,
> Gott, der zu fasten beschließt, Gott, der nackt
> von einem Neujahrstag zum anderen
> wandert.
> Wirst du je verstehen,
> wie nahe Gott dir ist?
>
> (LALLAJI)

Göttliches. Menschliches. Eine so intime, innige Beziehung.
Ein Liebestanz. ES ist uns näher als die eigene Halsschlagader.
Ein göttliches Wesen, das eine menschliche Erfahrung macht.

> Du existierst als ich.
> Deine Kraft setzt sich in Bewegung,
> und ich beginne zu gehen.
> Ein vorgängiger Impuls ist der einzige Unterschied
> zwischen uns. Sonst
> ist alles, was ich bin, Du.
>
> (LALLAJI)

Was bewirkt, dass unser Auge sieht? Was ist es denn, was uns
begreifen macht, dass wir verstehen? Was bringt unser Herz zum
Schlagen, und was lässt uns atmen? Was ist es, das uns in Liebe,
in Mitgefühl mit anderen Wesen leben lässt? Was ist es, was
diese ganze evolutive Entwicklung auf der Erde hervorgebracht
hat? Das große Geheimnis?

> Was immer ich tue, die Verantwortung liegt bei mir,
> doch so wie jemand, der einen Obstgarten anpflanzt,
> wird die Frucht dessen, was ich tue,
> für andere sein.
> Ich bringe die Handlungen dieses Lebens
> Gott im Inneren dar,
> und wohin immer ich gehe –
> gesegnet ist der Weg.
>
> (LALLAJI)

Das Darbringen aller Handlungen, aller Gedanken, aller Worte – ist eine Form von Gebet. Es gibt verschiedene Arten von Gebeten. Manchmal beten wir, dass andere Menschen gesund und heil werden mögen; oder wir beten für Bevölkerungsgruppen, die in Not sind, für andere Wesen, die leiden. Diese Art des Betens ist fraglos hilfreich und wirkt erwiesenermaßen. Diese Gebetsweise ist dual angelegt. Da sind wir, die wir beten, und der andere, für den das Gebet bestimmt ist. Die höchste Form des Gebetes ist schlicht die Präsenz, in jedem Augenblick. Beides ergänzt sich. Es gibt kein oben und unten. Im alltäglichen Geschehen ist jede Handlung, jedes Wort, jeder Gedanke in der Präsenz des Augenblicks ein Darbringen. Dafür sind wir verantwortlich. Ob wir dies als Gebet bezeichnen oder schlichtes Präsent-Sein, ist völlig egal.

> Die Erfahrung Gottes ist
> fortwährendes Staunen.
>
> (LALLAJI)

Dankend staunen. Jeden Augenblick. Welch ein Segen, als Mensch geboren zu sein. Menschsein. Bewusst Mensch sein. Ganz einfach. Endlich normal.

Einen Augenblick nur, Blüten
auf dem kahlen Vorfrühlingsbaum.
Eine Sekunde nur, Wind
in dem wilden Dornendickicht.

(LALLAJI)

Einen Augenblick nur. Jetzt. Tanzender Kosmos. Im Blüten-
kelch, der sich im späten Frühlingswind wiegt. Die Bergane-
mone.

KAPITEL 14

NACHGEDANKEN

PM: In vielem, was du gesagt hast, klingt ja manchmal direkt, manchmal leicht unterschwellig, der Hinweis auf den Mut an. Der Mut zur Freiheit, der Mut zum Neuen, der Mut, den die Annette Kaiser am Anfang hatte, die Geranien-Welt zu verlassen. Ist nicht dieser Gedanke, der Mut zum Unbekannten, der Mut zur Offenheit, der Mut zur Liebe, der Mut zum Verzeihen, der Mut zum Wagen des Neuen, eine Art Grundgedanke, der sich durch deine Ausführungen zieht? Ist das vielleicht die größte Ermutigung und Verheißung für einen Schritt nach vorne? Oder vielleicht überhaupt der erste Schritt, um für diesen großen Weg vorbereitet zur werden?

AK: Ja, ich denke, es geht immer wieder um Ermutigung. Ermutigung dazu, dass wir ganz wir selbst sind. Die Ermutigung, authentisch zu sein. Die Ermutigung, wirklich wahrhaftig zu sein. Auch den Mut zu finden, ganz seinem eigenen Licht zu folgen. Den Mut, in das Ganze zu vertrauen, das wir im Tiefsten sind, in dem alles enthalten ist. Letztlich vergeht auch dieser Mut, weil das Leben in sich selbst so mutvoll ist. Es pulsiert unaufhörlich in diesem Hier und Jetzt, in diesem gegenwärtigen Augenblick. Sind wir einmal ganz eingeschwungen, dann stehen uns alle Tugenden – alle Herzenstugenden – zur Verfügung; und Mut ist eine davon. Es geht um die Ermutigung, das Urvertrauen im Selbst, um das Leben an sich, um bewusst zu leben. Es geht auch um die Ermutigung, die Macht des Seins nicht zu scheuen. Es geht um die Ermutigung anzunehmen, dass tatsächlich nichts von außen benötigt wird, weil alles im Inneren bereits ungeboren vorhanden ist. Es geht um die Ermutigung, sich selbst zu erforschen, zu erproben und auszukundschaften. Es ist ein lebenslanger Prozess. Es geht um die Ermutigung, dass jedes ernsthafte und wahrhaftige Streben den Menschen immer ins göttliche Da-Sein, ins Jetzt führt. Heute gibt es viele Wege. Es gibt so viele Wege wie Atemzüge. Es geht darum, selbst zu überprüfen, welches Fahrzeug das geeignete ist. Wir benötigen heute keinen traditionellen religiösen Überbau mehr. Das Verständnis hat sich grundlegend verändert. Jeder Augenblick ist DAS. Dazu haben wir unmittelbaren Zugang. Es geht dabei auch um den Mut zu verstehen, dass kein Weg wirklich notwendig ist. Weiter geht es um den Mut zur Transformation, um den Mut, sein kleines Ich loszulassen, um in das Große Ganze aufzugehen, das im Frei-Sein lautlos singt.

PM: Der Buddha hat einmal sehr schön gesagt: „Das Leben ist kein Problem, das man zu lösen hat, sondern ein Abenteuer, das es zu bestehen gilt." Es bedarf vielleicht einfach nur des Mutes, um zu sagen, ich lasse mich auf dieses Abenteuer ein.

AK: Genau. Irina Tweedie hat uns immer gesagt: „Das Größte Abenteuer sind wir selbst." Das größte Abenteuer, das wir überhaupt unternehmen können, ist: Uns selbst zu erforschen und zu erkennen. Dazu bedarf es Mut.